湖南省湘学研究院系列成果

推进中国现代化进程的湘学名人丛书

主　编：刘建武　执行主编：刘云波　副主编：郭钦

# 推进中国军事现代化进程的十大湘学名人

王国宇◎主编

中国社会科学出版社

# 总　序

　　在五千多年的历史长河中，中华民族以自己的勤劳、勇敢和智慧创造了灿烂的古代文明，为人类社会发展做出了卓越贡献。但18世纪中叶以后，古老的中国却在世界工业革命的浪潮中落伍了。从1840年鸦片战争开始，西方列强的坚船利炮打破了清朝政府"天朝上国"的迷梦，中国逐渐沦为半殖民地半封建社会，中华民族进入了百年苦难时期。也正是从那时起，推进中国现代化进程，实现中华民族伟大复兴，成为无数志士仁人矢志不渝的梦想。

　　"一本湘人奋斗篇，半部中国近代史。"在百年艰难曲折的中国早期现代化进程中，湖南人做出了突出贡献。在近代史上，涌现了魏源、曾国藩、左宗棠、谭嗣同、黄兴、宋教仁、蔡锷等杰出人物，开启了中国早期现代化的思想闸门和实践进程；近现代以来，又涌现了一大批经济文化和科学教育等领域的杰出人物，比如，民族矿业先驱梁焕奎、民族化学工业之父范旭东、"盐碱大王"李烛尘等实业家，著名工程师宾步程、兵工大师李待琛、医学微生物学家汤飞凡等科学家，画家齐白石、历史学家翦伯赞、剧作家田汉等文化大师；特别是新民主主义革命时期，在争取民族独立和人民解放、推进中国现代化进程中，涌现了以毛泽东、刘少奇、任弼时、蔡和森、彭德怀、贺龙、罗荣桓等为代表的湘籍无产阶级革命家群体，领导中国人民推翻三座大山，建立了社会主义新中国，开辟了中国历史新纪元。这些湘籍杰出人物，都是源远流长的湖湘文化孕育出来的湘学名人，他们以其文韬武略，叱咤风云，对中国的现代化进程产生了巨大推动作用。

如此众多的政治、军事、思想和文化名人，在百余年内高度集中地出自湖湘大地，其勋名之著、业绩之丰、人数之众，全国无出其右，这绝非偶然。可以说，正是湘学所倡导的心忧天下的爱国情怀、敢为人先的进取精神、经世致用的务实学风、兼容并蓄的开放胸襟，激励着湖湘人士为民族独立和人民解放、为国家富强和人民富裕而鞠躬尽瘁、死而后已。"惟楚有才，于斯为盛"，这既是时代大潮呼唤催生的产物，更是千年湘学氤氲荏苒的结果。

为了深入研究和生动揭示中国现代化进程，进一步激发和凝聚实现中华民族伟大复兴中国梦的强大精神力量，湖南省湘学研究院组织专家学者，推出了这套《推进中国现代化进程的湘学名人》丛书。丛书包括思想卷、政治卷、军事卷、经济卷、科技卷五卷，集中展现了我国现代化早期 50 位湘学名人在思想、政治、军事、经济、科技等方面的成就，生动诠释了湖湘文化的精神特质，深刻揭示了湖南在中国近现代独领风骚的历史之谜，为我们传承和弘扬湖湘文化优良传统，增强三湘儿女的文化自觉和文化自信，推动湖南改革发展，提供了难得而宝贵的精神养料。

习近平总书记强调，博大精深的中华优秀传统文化是我们在世界文化激荡中站稳脚跟的根基，要使中华优秀传统文化成为涵养社会主义核心价值观的重要源泉。湘学是中华传统文化百花园中的一朵奇葩。加强湘学研究，努力把湘学研究院打造成为有影响的"湘"字号文化品牌，对传承和发扬中华优秀传统文化，推进湖湘文化的创新和发展，都具有重要意义。丛书的出版，是我省湘学研究的又一有价值的成果，必将有力地推动湘学研究和宣传的进一步深入，引导人们不断弘扬湖湘文化优良传统，为加快富民强省凝聚起更大更强的正能量。

当前，实现国家富强、民族振兴、人民幸福的中国梦，正激励着全体中华儿女为之不懈奋斗。7200 万三湘儿女理当传承湘学名人优秀品质，发扬光大湘学优良传统，自觉担当共筑中国梦的时代责任，为加快我省改革发展，推进中国现代化进程，实现中华民族伟大复兴，做出无愧于历史、无愧于时代的新贡献。

　　是为序。

许又声

2014 年 6 月

（作者系中共湖南省委常委、宣传部部长，湖南省湘学研究院名誉院长，湖南省湘学研究指导委员会主任）

# 目　录

# 前　言

中国军事现代化发端于 19 世纪 60 年代，但直至清末"新建陆军"的出现，中国军队才真正开始现代化的艰难历程。进入民国以后，中国军队的现代化程度大大提高，并在抗击日寇入侵的民族自卫战争中发挥了重要作用，但因其所具有的反动性，很快被历史所淘汰。

中国共产党继承孙中山先生的革命精神，高举民族民主革命的大旗，在独立领导新民主主义革命的光辉历程中，创立了一支新型的人民军队。这支在党领导下的军队，经过长期革命战争的洗礼，从小到大，由弱变强，逐步走上了正规化、现代化的道路，成为中华人民共和国的坚强柱石。

在中国军队走向现代化的历史进程中，湖南人发挥了重要作用，尤其是党领导的人民军队，湖南人的独特作用更是世所公认，且不说作为人民军队的主要缔造者毛泽东的贡献，仅就 1955 年中国人民解放军首次授衔的情况而言，湖南人在其中所占的比例就特别引人注目，所授的 10 位元帅中湖南人占 3 人；10 位大将中占 6 人；47 位上将中占 13 人，所占比例之大，为全国各省之冠。他们在新中国成立前为人民军队的创建、发展、壮大做出了杰出贡献，在新中国成立后为人民军队的正规化、现代化建设呕心沥血，功勋卓著。

在新的历史条件下，为了总结湖南军人自近代以来在推动中国军事现代化方面所做出的贡献，客观评价他们为争取民族独立抗击外来之敌，以及在推动历史发展方面所发挥的重要作用，湖南省湘学研究院组织编撰了《推进中国军事现代化进程的十大湘学名人》

一书。在编撰过程中，编者遇到了诸多难题，尤其是人物的取舍难以决定。几经会商，最后选取了左宗棠、蔡锷、程潜、彭德怀、贺龙、罗荣桓、粟裕、陈赓、萧劲光、许光达等十位湖南军人作为代表。为此，特作如下说明：

（一）选取左宗棠，主要是考虑他在中国军事现代化的起始阶段——洋务运动时期，对创办近代军事工业的独特贡献，以及他在收复新疆与抗法战争中所起的重大历史作用。

（二）选取蔡锷，主要是考虑他作为辛亥革命时期湖南军人的优秀代表，在历史的转折关头为中国走向民主共和立有殊功。

（三）选取程潜，主要是考虑在民国时期，国民党军事集团中有大批湖南军人为抗击外来侵略者做出了重要贡献，而程潜在抗战时期身为中国第一战区司令，地位突出，且他后来为湖南的和平解放立有大功。

（四）选取彭德怀、贺龙、罗荣桓、粟裕、陈赓、萧劲光、许光达，主要是考虑他们作为人民军队的缔造者或重要领导者，对中国革命的胜利贡献巨大，战功卓著，在新中国成立后为人民军队的现代化建设亦不遗余力，同样做出了杰出贡献。

当然，不管怎样选择，其局限性都是难以避免的。比如，洋务运动时期在兴办近代军事工业方面，曾国藩是具有首创贡献的；又如在党领导的人民军队的高级领导人中，湖南人才济济，其中黄克诚、谭政二人都是1955年授予的大将，要入选也是符合条件的，只是因为受体例等原因的限制，编者未能将其选入。遗珠之憾，敬请读者理解。

同时必须说明的是，按照该书的书名《推进中国军事现代化进程的十大湘学名人》而言，作者应紧扣"军事现代化"与"湘学"这两个关键词来撰写每一位军事人物，只有在此方面有所突破，才能凸显该书的学术价值。作者在撰写过程中在此方面亦付出了努力，并取得一定成效，但就总体情况而言并不理想，而且风格相距甚大。最后，为求相对统一，编者只好商定：

（一）每位军事人物的文稿首先是一篇有特色的小传，其主要生平事功不能遗漏，使读者对每位军事人物有一个较完整的认识。

（二）每位军事人物与推进军事现代化联系较紧密的事功要作为重点叙述。

（三）至于湘学对军事人物的影响，或者说军事人物对湘学发展的贡献，本书不作特别要求。因为本书所选取的十位军事人物，他们均诞生于湖湘大地，从小吸吮着湖南历史文化的养料，湘学的精神特质：经世致用，实事求是；敢为人先，勇于担当；坚忍不拔，不畏强暴；心忧天下，爱国爱民等品质，在他们身上得到了较为集中的体现。因此，在某种意义上说，他们作为湖南军人的优秀代表，以自己超凡脱俗的事功，对湘学精神做了很好的诠释。

本书属集体成果。执笔人为：王国宇撰左宗棠；王安中撰彭德怀、粟裕、陈赓、萧劲光；杨乔撰蔡锷、程潜、罗荣桓、许光达；张衢撰贺龙。王国宇负责全书统稿，并对有关人物进行了改写，以求全书风格保持一致。杨乔协助统稿，并做了大量工作。由于水平有限，书中存在某些缺点与不足，祈请方家指正。

王国宇

2014 年 4 月 8 日

# 左宗棠　反侵略的伟大爱国者

左宗棠（1812—1885），清末名臣，著名湘军将领。在边疆危亡之秋，左宗棠力排李鸿章等海防派重臣之议，统兵收复新疆；中法战争中坚决主张抗法；他创办的福州船政局，对创立近代中国海军具有奠基之功。

翰林院侍读学士潘祖荫向咸丰帝的一道奏疏中评价左宗棠说："天下不可一日无湖南，湖南不可一日无左宗棠。"

胡林翼称赞左宗棠："横览九州，更无才出其右者。"

梁启超评论左宗棠是"五百年以来的第一伟人"。

1983年8月，王震曾对左宗棠的曾孙左景伊说："史学界最近做了一件有意义的工作，对左宗棠做出了正确、客观的评价。这对海内外影响都很大。左宗棠在帝国主义瓜分中国的历史情况下，力排投降派的非议，毅然率部西征，收复新疆，符合中华民族的长远利益，是爱国主义的表现，左公的爱国主义精神，是值得我们后人发扬的。"

　　左宗棠，1862 年由曾国藩举荐，由太常卿升任浙江巡抚。1864 年受封一等恪靖伯，被任命为闽浙总督。1866 年，兼任首届福州船政大臣，在福州马尾创办船厂。同年，改任陕甘总督，其间创办兰州制造局。1867 年 2 月，授钦差大臣督办陕甘军务，次年参与平定捻军。1873 年 12 月，授协办大学士，次年 9 月授东阁大学士。1875 年 5 月，奉命以钦差大臣督办新疆军务。1876 年，指挥刘锦棠、金顺诸军进军新疆，1878 年 1 月，收复除伊犁地区外的新疆全部领土。同年 3 月由一等恪靖伯，晋二等恪靖侯。1881 年 2 月入北京再任军机大臣，10 月改任两江总督。1884 年 6 月入京任军机大臣，9 月以钦差大臣督办闽海军务。左宗棠与曾国藩、李鸿章、张之洞并称"晚清四大名臣"。

# 一 初显军事才能

左宗棠，字季高，一字朴存，号湘上农人，署名今亮，谥文襄，1812 年生于湘阴县东乡左家塅（今金龙乡新光村）。左家尽管有田数十亩，其父左观澜仍然长年在外当塾师以维持家计。出生于"耕读之家"的左宗棠，从小随祖父左斐中读书。10 余年后，因其父母亲、长兄相继病亡，家境一落千丈。1831 年，19 岁的左宗棠入长沙城南书院读书，师从山长贺熙龄，"赖书院膏火之资以佐食。"①时清朝政治腐败，经济凋敝。他目睹时艰，在其居室撰联自励，云："身无半亩，心忧天下；读破万卷，神交古人。"

次年（1832），左参加湖南乡试，被录取为第十八名举人，而这一科的"解首"就是其哥左宗植。出闱后，21 岁的左宗棠与周诒端（1812—1870）结婚。周家在湘潭很富有，周诒端能文工诗，结婚后的左宗棠入赘周家。左后来回忆这段生活时曾说，"余居妇家，耻不能自食。"1833 年，左宗棠到北京参加会试，名落孙山，南归后就读于"湘水校经堂"，以膏火费（每人每月银八两）维持生计。1835 年，再次赴京应试，失败。1837 年，为生活所迫，左宗棠到醴陵主持渌江书院。次年（1838），第三次赴京参加会试，仍然落第。这对左是一个很大的打击！他从此下决心不再参加会试。

1840 年，左宗棠受老师贺熙龄之托，到刚刚去世的两江总督陶澍的安化老家当塾师（与陶澍为儿女亲家，实为塾师与管家兼任），教陶澍之子陶桄读书。他在陶家先后八年，借此机会饱览了丰富的典籍，尤深研清朝典籍，与陶澍女婿胡林翼（益阳人，与左同年生）交往密切。左宗棠在安化陶家一边教书，一边埋头钻研经世之学。地理学、农学、"荒政"均是其研究的问题。他在探讨改革社会现实的过程中，具有革新思想倾向的陶澍和贺长龄、贺熙龄兄弟、魏源

---

① 《左宗棠年谱》卷一，第 8 页。

均对其产生深刻影响。从左宗棠研究方舆之学、农学，以及关心新疆建省、广东沿海的"夷患"等方面考察，不仅体现了他强烈的经世思想，同时也体现了他"天下兴亡，匹夫有责"的爱国情怀，这从他在鸦片战争中的言行，得到了进一步的体现。

鸦片战争期间，尽管左宗棠蛰伏安化偏僻的山村，但他从长沙贺熙龄来信中得悉一些鸦片战争的情况，并在《上贺蔗农先生》书中集中反映了他对这场战争的看法。首先，他认为必须坚决抗击侵略者。在抵抗的战术上，他提出宜在敌军必经之道守之，设为重要之险，然后以奇兵二路疾出其后，断其归路以击之。认为敌人凭恃的火炮没什么可怕，火炮利仰攻，不利俯击，利远击，不利近攻，只要我方坚守城根河岸，当敌军抵达城根，我军"更番施放"炮火，消耗敌人军火，伏兵继起，敌军火不济，必致失败。如我"卑辞求和"，"遂使西人有轻中国之心，相率效尤而起"，[①]必后患无穷。因此，他对穆彰阿、琦善等主张"求和"之议愤慨不已，指出："坚主和议，将恐国计遂坏伊手"，认为过分夸大敌方火器之威力，无非是为了欺君罔上，"张贼势而慢军心。"[②] 其次，提出持久抗敌的思想。他认为世界各国中最强大的英国对中国的侵略野心由来已久，如欲制胜，必须有持久抗敌之准备。沿海各省都应"练渔屯，设碉堡，练水卒，设水案"，充分利用火器的力量，实行坚壁清野，断绝敌军的接济。只有沿海各省都具备抵抗之力量，才能不被敌军区区数十艘战船所牵制，而疲于奔命。只有这样，才是真正的"固守持久之谋"[③]。为此，他在鸦片战争期间，特意写了有关料敌、定策、海屯、器械、用间、善后诸篇，就自己对如何取得战争的胜利提出了一系列的战略战术思想。

1844年，左宗棠用其历年积存之钱，在湘阴东乡柳家冲买了70亩田，雇人种田，并广种茶树、桑树、竹子。他自己常常巡行田间，

---

① 《左文襄公全集·书牍》卷一，第19页。
② 同上书，第16—17页。
③ 同上书，第19页。

指导耕作，自号"湘上农人"。他对自己这种既是塾师又是小地主的生活颇为满足。但接踵而来的剧烈社会动荡，很快打破了他的平静生活，也为他施展平生抱负提供了历史契机。

1851 年，洪秀全领导的太平天国农民起义在广西金田爆发，起义军势如破竹，很快从广西，经湖南、湖北、江西、安徽，而至江苏南京。太平军进攻长沙时，胡林翼连忙把左宗棠推荐给湖南巡抚张亮基当幕客，助张筹划军事。在同乡好友郭嵩焘等的劝导和张亮基的"厚币礼请"下，左宗棠进入张巡抚幕室，出谋划策。1853 年张调任山东巡抚后，左又重回家乡，以待时机。但同年新任湖南巡抚的骆秉章，在 1854 年春又罗致左宗棠为幕客，左很快取得信任，骆对他言听计从。左在骆巡抚幕中，前后共 6 年，协助骆整饬吏治，镇压湖南省境内的农民起义军，支持王鑫、蒋益澧、田兴恕、刘长佑等筹建湘军。此时的左宗棠虽只是幕客，但其军政才能得到了同僚的赏识。

其时，太平军与湘军正在长江下游两岸进行激烈的拉锯战，曾国藩甚感吃力，乃向清廷力荐左宗棠，以应付危局。于是，在 1860 年 6 月 9 日，清政府命兵部郎中左宗棠以四品京堂候补，随同曾国藩襄办军务。左受命遵曾国藩指示，在长沙招兵买马，按照湘军营制，成立新湘军四营、四总哨，每营官兵 500 名，每总哨官兵 320 余名；另外召集王鑫遗部 1000 余名，由王开化总理全军营务。左以刘典、杨昌浚等为襄办，全军共 5000 余名。在长沙金盆岭训练月余后，9 月下旬，左宗棠率全军从长沙出发，向江西前线进发。曾国藩命左宗棠以景德镇为据点，游击于乐平、景德镇一带，以保护祁门的饷道，兼防太平军从皖南攻入江西。左军随即在赣皖交界处作战，钳制太平军李世贤部。

1861 年底，太平军为救在西线作战的不利局面，李秀成率军挺进浙江，攻占杭州，巡抚王有龄兵败自杀。清政府接受曾国藩举荐，于 1862 年 1 月明令以左宗棠为浙江巡抚。3 月上旬，左宗棠指挥所部湘军攻占遂安、衢州、金华。次年 9 月下旬，与中法混合武装"常捷军"联合攻陷富阳。富阳之战，历时 6 个月，十分激烈，左最

后借助洋炮、洋枪才攻占。经过几次激烈的战斗后，左宗棠的军事
指挥才能令同行折服。1864 年移兵攻陷杭州，因战功被任命为闽浙
总督。7 月，天京（南京）陷落，太平天国农民起义失败。左宗棠
因此与曾国藩等成为"同治中兴"名臣。

## 二　创办福州船政局

19 世纪 60 年代，清政府内部形成了以曾国藩、左宗棠、李鸿章
等为代表的学习制造西方先进军事武器的所谓"洋务派"。在此过
程中，左宗棠在创建福州船政局、创建近代海军方面做出了重要
贡献。

早在 1864 年，左宗棠就在杭州招募巧匠仿造了一艘小火轮，请
商人胡光墉协助洋务，编预算，采办轮船图纸、机器。但当时左宗
棠正与太平军紧张作战，此事被暂时搁置。不久，左宗棠督军入闽，
在杭州认识的法国人德克碑回国后，从法国寄来"船厂图册"，并细
列如何觅购轮机、招募洋匠等计划，由日意格携至漳州行营面呈左
宗棠，左对外轮才有了初步的了解。但英人威妥玛及税务司赫德都
心怀鬼胎，有意阻止中国自制火轮，便向清廷提出"轮船器械以购
雇为便"①，清廷于是密询左宗棠意见。左于 1866 年向清廷力陈自造
轮船之重要性。他说："陆地之战，彼之所长，皆我所长，有其过之
无不及也。若纵横海上，彼有轮船，我尚无之，形无与格，势无与
禁，将若之何？"②"彼此同以大海为利，彼有所挟，我独无之，譬
犹渡河，人操舟而我结筏；譬如使马，人跨骏而我骑驴，可乎？"③

左宗棠还以日本为例，说明造船之重要性，并说英国领事等屡
以造船费大难成，不如雇买现成之船为便，左认为这是英国企图破

① 《左宗棠年谱》，第 128 页。
② 同上书，第 129 页。
③ 《左文襄公全集·奏稿》卷十八，第 4 页。

坏我国建立造船工业的伎俩，因而明确指出，买船不利，雇船更不行，租借来的外轮，"调遣不能自如，久暂不能自主"，而且索赔争执后患无穷。因我无海军，"自海上用兵以来，泰西各国火轮兵船直达天津，藩篱竟成虚设。"①

因此，左设想福州船政局成立后，拟建成一船，即练一船之兵，通过数年努力，将建成之船布置沿海各省，"遥卫津沽"。"有事之时，以之筹调发，则百粤之旅可集三韩；以之筹转输，则七省之储，可通一水"，非但"巡洋缉盗，有必设之防，用兵出常有必争之道也"。② 左宗棠认为办船政除了有巩固国防的军事用途外，还可发展运输业，抑制外国海轮操纵沿海运输，尤其是可进一步发展我国的近代军事工业，兼制枪炮、炸弹，有关民生的日用物品，亦可兼而制造。

其时，左宗棠虽知困难很多，加之"非常之举，谤议易兴，始则忧其无成，继则议其多费，或更讥其失体，皆意中必有之事"③。且"其事较雇买为难，其费较雇买为巨"④，但仍坚持要设局制造轮船。他说："天下事，始有所损者，终必有所益。轮船成，则漕政兴，军政举，商民之困纾，海关之税旺，一时之费，数世之利也。"⑤又说："窃谓海疆非此，兵不能强，民不能富，雇募仅济一时之需，自造实无穷之利也。于是则虽难有所不避，虽费有所不辞。"⑥ 因此，他以闽浙总督身份向清政府奏称：欲防海之害而收其利，非整理水师不可；欲整水师，非设局监造轮船不可。并明确指出，船政局成立后，锐意经营制造轮船、火炮，学习研究西方火器原理，将来定然能洗雪国耻。

左宗棠还提出了具体的办法：

---

① 《左文襄公全集·奏稿》卷十八，第 4 页。
② 《左宗棠全集·奏稿三》，第 63 页。
③ 同上。
④ 同上书，第 64 页。
⑤ 同上。
⑥ 《左宗棠全集·奏稿》卷二十，第 68 页。

造船厂设在马尾（福州外滩）。1866 年 8 月左亲自至福州海口罗星塔，购买了马尾山下民田 200 多亩作为厂基。他在奏折中称："如虑船厂择地之难，则福建海口罗星塔一带，开槽浚渠，水清土实，为粤、浙、江苏所无。"①

轮船机器之觅购采用渐进的方法。"先购机器一具，巨细毕备，觅雇西洋匠师俱来。以机器制造机器，积微成巨，化一为百。机器既备，成一船轮机即成一船，成一船即练一船之兵。比及五年，成船稍多，可以布置沿海各省，遥卫津、沽。由此更添机器，触类旁通，……有适民生日用者，均可次第为之。"②

聘请外国技师培训中国工匠。"先立条约，定其薪水，到厂后由局挑选内地各项匠作之少壮明白者，随同学习。其性慧夙有巧思者，无论官绅士庶，一体入局讲习；拙者、惰者，随时更补。西洋师匠尽心教艺者，总办洋员薪水全给；如靳不传授者，罚扣薪水，似亦易有把握。"③

款项之来源。"就闽而论，海关结款既完，则此款应可划项支应，不足则提取厘税益之。又，臣曾函商浙江抚臣马新贻、新授广东抚臣蒋益澧，均以此为必不容缓，愿凑集巨款，以观其成。"④

海军官兵之培养。"则定议之初，即先与订明：教习造船即兼教习驾驶，船成即令随同出洋，周历各海口。无论兵弁各色人等，有讲习精通能为船主者，即给予武职千、把、都、守，由虚衔荐补实职，俾领水师。则材技之士争取赴之，将来讲习益精，水师人材固不可胜用矣。"⑤

上述措施，详尽周到，切实可行。清政府终于同意了他的全部意见，又拨给一些创办经费，批准在马尾筹建中国近代第一个造船基地，马尾从而成为培养中国海军的摇篮。因此，有人称左宗棠为

---

① 《左宗棠全集·奏稿三》，第 61 页。
② 同上。
③ 同上书，第 62 页。
④ 同上。
⑤ 同上书，第 63 页。

"中国近代海军之父"、"中国近代海军的第一功臣"。

清政府批准后，左于1866年筹建福州船政局，他兼任首届船政大臣。聘请法人日意格、德克碑为正、副监督，计划兴建铁厂、船槽、船厂、学堂、住宅等工程，并向外国订购机器、轮机、大铁船槽。聘请法、英两国工程技术人员，设立了"求是堂艺局"（技术学校），法国人教制造，英国人教驾驶。"招十余岁聪俊子弟，迎洋师以教之，先以语言文字，继而图书、算学，学成而后制造有人，管驾有人，轮船之事，始为一了百了。"①

正当船厂筹备工作紧张进行时，清政府于1866年9月25日将左宗棠调任陕甘总督。突然变化使马尾工程有夭折之险，左极为忧虑。他在书信中云："西行万里，别无系恋，惟此事未成，又恐此时不能终局，至为焦急耳！"② 但他在上奏中表示决不半途而废，说："臣唯轮船之事势在必行，岂可以去闽在迩，忽为搁置。"③ 他"日夜计划，必期章程周妥，经理得人而后去"④。为了物色接班人，他拜访丁忧居家的原江西巡抚沈葆桢，把沈葆桢请出来"总理船政"，并奏请清廷给予全权，"由部颁发关防，凡事涉船政，由其专奏请旨，以防牵涉"⑤。经费则责成署藩司周开锡随时调拨；筹措工料，聘请匠师、雇工、开艺局，委福建候补道胡光墉办理。清廷在批准开办船政局上谕中说："左宗棠虽赴甘肃，而船政仍系该督创立，一切仍当预闻。"并且规定以后有关船政问题，在陈奏时，"均仍列左宗棠之名，以期终始其事。"⑥ 一切安排就绪后，左宗棠才于1866年12月离开福州，取道江西、湖北入陕西。

马尾船厂经过一年多的筹备，于1868年1月正式设局开工，以后规模不断扩大，计包括绘事院、模厂、铁厂、船厂（附有舢板厂、

---

① 《左文襄公全集·书牍》卷八，第64、56页。
② 同上书，第64页。
③ 同上书，第56页。
④ 《左宗棠全集·奏稿》卷十九，第27页。
⑤ 同上书，第28页。
⑥ 《东华续录》，同治五年十一月，转引自左焕奎《左宗棠略传》，华中师大出版社1996年版，第82页。

皮厂、版筑厂)、铁肋厂、轮机厂(附有合拢厂)、锅炉厂、帆缆厂、储炮厂、广储所(附有储材所)等,以及船槽、船坞。船政局人员,包括工人、徒工、学生、管理人员、警卫士兵,共计2600多人,并有50人左右的欧洲雇员,成为中国第一个新式造船厂,比上海江南造船厂早13年[江南厂光绪六年(1880年)才开始试制兵轮],也是当时远东最大的造船厂之一。它建造的第一艘木质轮船叫"万年青"号,于1869年6月下水,排水量1450吨。截至1874年,共造船15艘,总排水量为16170吨。在洋员逐渐遣散归国后的30年间,又建造了25艘,总排水量为30604吨。

中法战争前,中国有北洋水师、南洋水师和闽江水师。北洋水师下辖10余只兵舰,其中康济、眉云、镇海、秦安、威远、海镜等舰皆由马尾船厂制造,约占北洋水师舰只的2/5。南洋水师中的澄庆、横海、镜清、开济、登瀛洲、靖远等舰为马尾船厂所造,约占南洋水师舰只总数的1/3。闽江水师由11艘兵舰组成,其中除福胜、建胜二艘炮艇购自美国外,其余舰只全系马尾船厂制造,其中杨武、济安、飞云、伏波等舰,均在1200吨以上。上述舰只均造于1875年以前,而且这些兵舰均由中国军人驾驶、管理。

福州船政局造船技术也在不断进步,船顶结构由木质发展到铁胁木壳、铁胁双重木壳,中法战争后又发展到钢壳甲。船舰行驶速率由每小时9浬提高到15浬。舰只装备的大炮由前膛炮改装为后膛断、连珠炮。船内机器由立机改为卧机,船的吨位也在不断增加,还能造炮艇、战艇和大型机器商船。

为了使中国匠徒能掌握有关造船技术,船政局规定招聘的"洋匠"必须在一定年限内负责将中国"匠徒"培养到具有独立操作能力的水平。1873年,船政大臣沈葆桢上奏说:"当时创始之意,不重在造,而重在学。臣与监督日意格约,限满之日,洋匠必尽数遣散,不得以船工未毕,酌留数人。"只要中国"匠役"能按图制造,虽然轮船未尽下水,即为"教导功成",奖励从优,赏金如数发给。规定从1873年夏天开始,各厂均先后逐一试验考核,由中国"匠徒"放手自造,洋匠一律不得入厂。造成后,察看是否制造如法,稍有不合，洋匠再加指点。① 这次考核优良，洋匠便于是年回国。

左宗棠把培养人才看得很重。在筹建福州船政局的同时，马尾船政学堂也在筹建，在造船厂尚未竣工时，学堂已建成。用沈葆桢的话讲"船厂的根本在于学堂"。左宗棠致力于培养一批精通洋务、把"聪明寄于实"的有用人才。有了这样一批精通洋务的有用人才，那么"彼族无所挟以傲我，一切皆自将敛抑，自强之道此其一端"②。他还说："选少年颖司子弟习语言文字，诵其书，通其算学"，使"西法"得以"衍于中国"。

马尾船政学堂分前学堂（学制造）、后学堂（学驾驶）和"艺圃"（即技工学校）三部分，成为我国培养近代海军军官、造船专家和技术工人的第一个摇篮。从这里培养出来的 628 名航海、造船、蒸汽机制造方面的管理、驾驶及工程技术人员，③ 为发展中国造船业和创建海军做出了贡献。特别是船政学堂毕业的学生，一大批成为船政局和福建水师、北洋水师的骨干力量。在马尾海战中牺牲的任管驾以上的毕业生就有 5 人，在北洋舰队任管带的船政学堂毕业生有 15 人之多。中日甲午战争中壮烈牺牲的民族英雄、"致远"号管带邓世昌，"定远"号管带刘步蟾，"镇远"号管带林泰曾，"靖远"号管带叶祖珪，"经远"号管带林永升等，都是船政学堂首届毕业生。此外，中国近代杰出的铁路工程师詹天佑、传播西方文化的启蒙思想家严复，也曾就读于船政学堂。而且他们二人也是由左公倡导并奏请朝廷，确定名额，派赴国外考察学习的首批留学生，旨在培养洋务人才、外交使节。左宗棠还提出："不独英、法、咪（即美国），应遣人前往"，而且凡有长技可学的国家，都应考虑"尽可能随时斟酌资遣"④，充分表现了左宗棠的深谋远虑。

① 《沈文肃公致书》卷四，第 59—60 页。
② 《左文襄公全集·书牍》卷九，第 59 页。
③ 左焕奎：《左宗棠略传》，华中师范大学出版社 1996 年版，第 85 页。
④ 《左文襄公全集·书牍》卷九，第 50 页。

## 三　首重塞防，整军经武

左宗棠 1866 年 12 月离开福州，取道江西、湖北入陕西，履陕甘总督之职。次年 2 月，授钦差大臣督办陕甘军务，衔命先后镇压了捻军及陕、甘回民起义，于 1873 年底攻陷回民起义的中心据点肃州（今甘肃酒泉），平定了陕、甘回民起义。

其时，中国东南沿海与西北、西南边境地区同时出现了严重的危机。1867 年，美国入侵中国台湾。1874 年日本入侵台湾。尤其是 1865 年浩罕国派军事头目阿古柏率军侵入南疆，1871 年沙俄侵占伊犁，新疆大部沦陷。面对中国沿海与边疆地区出现的严重危机。朝廷重臣有人主张放弃新疆，专事东南沿海；有人主张坚决收复新疆，兼顾沿海。从而在朝廷内部引发了一场所谓的"塞防"与"海防"之争。左宗棠从维护民族的长远利益出发，认为当务之急是立即收复新疆，捍卫国家主权。

1874 年，清政府命令金顺、额尔庆额率军相继西出玉门关，张曜一军进驻哈密。这三支部队总计约 17000 余人。同年 7 月，清政府任命景廉为钦差大臣，金顺为督办大臣，负责关外军务。随后，左宗棠奉命督办关外粮饷转动，以户部侍郎袁保恒为帮办。清政府实际上开始了筹划收复新疆的部署，但此时因内部意见分歧，清廷疑虑重重。

1874 年 12 月，直隶总督李鸿章在其《筹议海防折》中公开主张放弃新疆。他说："徒收数千里之旷地，而增千百万年之厄漏，已为不值。"[①] 认为新疆北部邻俄国，南近英属印度，即使收复，将来也不能久守，"而论中国目前力量，实不及专顾西域"，"新疆不复，于肢体之元气无伤；海疆不防，则腹心之大患愈棘。"因此他坚决主张对已经出塞或准备出塞之军"可撤则撤，可停则停，其停撤之饷，

---

① 《李文忠公全书·奏稿》卷二十四，第 19 页。

即匀作海防之饷"①，这是所谓"海防"派观点的集中表现。

新疆，古称西域，公元前59年（汉宣帝神爵三年），宣帝在乌垒设立管理西域事务的"西域都护"，汉朝以后，历代相沿，都在西域设有政府机构。因此，新疆自古就是中国的领土。清康熙年间，为了维护祖国的统一与安定边境秩序，清政府平定了噶尔丹的叛乱。1759年，清政府将西域改为新疆，设立伊犁将军管辖新疆地区，包括巴尔喀什湖以及帕米尔在内的广大地区。但自沙俄势力向东扩张后，相继侵占了我国西北广大地区，将侵略触角伸入了我国新疆。

在新疆危机日益加深，俄、英加紧干扰的背景下，国内有关"得不偿失论"甚嚣尘上。在此关键时刻，左宗棠不顾个人安危，从民族的长远利益出发，他认为当务之急是收复新疆。

一是巩固国防必须收复新疆。他说："我国定都北京，蒙古环卫北方，百多年来无烽燧之警，不仅前代的九边皆成腹地，即由科布多、乌里雅苏台以达张家口，亦皆分屯列戍"，"然后畿辅之地太平无事"。因此，"重新疆者，所以保蒙古，保蒙古者，所以卫京师，西北臂指相联，形势完整，自无隙可乘"。否则，新疆不固，则蒙古不安，不仅陕西、甘肃、山西时虞侵轶，防不胜防，即整个北疆亦无安宁之日。

二是收复新疆完全可能取胜。他分析新疆当时的形势说，盘踞乌鲁木齐附近的叛国逆臣白彦虎所部等，真正能作战的军队不过数千人，不难歼灭；盘踞南疆的阿古柏，目前首鼠两端，未敢轻举妄动，只要先消灭白彦虎所部，收复乌鲁木齐，然后根据形势而用兵。并认为灭"白军"之时，沙俄尚不敢立即出兵干涉。阿古柏虽与土耳其、英国有勾结，但只要清军一举歼灭白彦虎所部，此两国也不敢立即出兵干涉，待我消灭白匪，收复乌鲁木齐后，根据形势再定进军方略。如果此时弃新疆而不顾，将已经出塞的各军撤回，不仅断无此理，而且将后患无穷。②

---

① 《李文忠公全书·奏稿》卷二十四，第19页。
② 《左文襄公全集·奏稿》卷四十六，第32—41页。

三是为抵抗沙俄侵略我国的必须之举。左宗棠认为"塞防"、"海防"均十分重要，如果按照李鸿章等人的想法行事，对西北"停兵撤饷"，"分置头目羁縻之"，新疆终必折入俄边，而我断送腴疆，形见势拙，西北之患将无已时，即使想保持目前这种残破局面亦不可能。因此，断无海疆有事，先弃新疆，坏我万里长城，而移"西饷"作海防经费之理。①

当时，除左宗棠义正词严奏请清政府坚决首重"塞防"，收复新疆外，一些有远见的官员，面对危机重重的西北局势，也都要求重视"塞防"，抗击沙俄入侵之军，收复失地。左宗棠等坚持收复新疆的主张，得到武英殿大学士、军机大臣文祥的支持。文祥认为"此乌垣为重镇，南钤回部，北托蒙古，以备御英、俄，实为边疆久远之计"，遂"排众议不决者，力主进剿"②。这样，清廷最终下定决心收复新疆。1875 年 5 月，清廷发出"六百里加紧"谕旨③，任命左宗棠为"钦差大臣，督办新疆军务"，授予他筹兵、筹饷、指挥军队的全权。同时将原关外统帅景廉和左宗棠原来的副手袁保恒调回北京供职，由金顺接替景廉为乌鲁木齐都统，督办军务，督率关外各军为前军。

此时，尽管左宗棠年已 64 岁，但因有了报效国家的机会，精神振奋，为实现收复新疆的壮志，他进行了一系列精心准备。

首先，整军经武，重组西征军。为适应出关西征的需要，左宗棠首先对他所指挥的主力湘军进行整编遣汰，剔除空额，汰弱留强。他规定凡不愿出关西征的，不论是军官还是士兵，一律资遣回原籍。刘锦棠统率的 24 营湘军，整顿成 17 营。又令刘锦棠回湘募勇，合成 25 营共 17000 余人。令徐万福于 1876 年回湘募勇 4 营。接着，左宗棠撤换了几个满族显贵将领，以求事权统一，便于指挥作战。他坚定表示：西征大事，"既事关君国，兼涉中外，不能将就了局，且

---

① 《左文襄公全集·奏稿》卷四十八，第 34—35 页。
② 《左宗棠年谱》卷下，第 36 页。
③ 指谕旨每天行进速度不少于 600 里。

索性干去而已。"①

　　他先是奏劾了成禄。当时成禄率兵驻扎在哈密，为景廉后援，但他"始终畏怯"，"滞留高台，摊捐入粮，擅作威福"②。成禄被革职后，所部被整编为3营，归景廉节制调遣。调走穆图善、景廉。穆为镶黄旗人，立有军功。其时领兵督办兰州防务。其本人尚称老实，但用人不当，所部虚额多，纪律废弛，在西北从未打过胜仗，左奏请清政府将穆所部"概予遣撤，以节虚糜"③。1875年穆被调走。景廉是正黄旗人，进士出身。1871年秋任乌鲁木齐都统，驻扎古城（奇台）。1874年8月，任钦差大臣督办新疆军务，但他不求进取，而且景廉所部称34营（兵数应在18000左右），实则仅仅8000余人，而粮饷按虚额递给，大吃空额，师无斗志，以致关外人都说他"有粮无兵"。但景廉深得清政府信任，所以左仅建议内调景廉，其所部由金顺率领，并令金整编汰遣为25营，不久被编为19营。金顺为满镶蓝旗人。当时所部号称20余营，经整编后，加上成禄所部，编成20营。金顺深为清政府信任，且勇于进取，敢于战斗。因此，左将景廉所部都归其指挥。

　　此外，文麟所部亦被整编。文麟是满洲正黄旗人，曾任内阁中书、侍读等，后外调，由道员升至哈密办事大臣，率军驻扎在哈密。此人"似黠非黠，似痴非痴"，所部4营，虚额达一千三四百名，文案、差官冗员尤多。左宗棠令张曜在哈密就地整顿，除留吉林、黑龙江马队外，其余一律裁汰遣撤。

　　西征部队经过整编后，共约七八万人（其中金运昌部皖军10营，易开俊部湘军7营，谭上连部湘军4营，徐万福部湘军4营等，是在西征过程中因兵力不足奏调而来）。尽管人数不多，但经整顿后，部队战斗力大为加强。

　　其次，排除万难，筹措军饷银两。兵马未动，粮草先行。左宗

---

① 左孝同：《左文襄公家书》卷下，第18页。
② 《左文襄公家书》卷下，第32页。
③ 《左文襄公全集·奏稿》卷四十四，第56—57页。

棠在大力整肃西征部队的同时，排除各种干扰，为西征军筹款。西征费用浩繁，其原因是多方面的。一是西征军共计 120 余营，官兵七八万人，按常规每年需饷银 600 余万两，外加出关粮运经费每年约计 200 余万两，一年共需军费 800 余万两。二是汰弱留强，被裁遣的官兵，欠饷有年，需补发欠饷，尚需大量的遣送费用。三是运费浩繁。当时，甘肃贫困，难以供应军粮，必须派员至宁夏、包头、归化（呼和浩特）等处采购，转运存储哈密或巴里坤、古城，运费昂贵。四是当时甘肃经长期战乱，一片荒芜，左宗棠命令甘肃地方官员大量散发种子，设立粥厂，发放赈济款项等，以图恢复生产，一则巩固新疆后方，二则为来年在甘采购军粮做准备，但这也需一大笔款项。

其时，清政府的财政捉襟见肘，不但中央"部藏无余"，各省地也"库储告匮"。左统率之大军，一年需军饷 800 多万两，国库只能拨给 500 多万两。为摆脱窘境，完成大业，左力排众议，要求向洋商借款，得到清廷同意。于 1874 年，命胡光墉向英商丽如洋行、怡和洋行共借款 300 万两，三年内分六批还清。① 左还在上海、湖北、陕西筹借了一批商款（本利银共 120 余万两）。1876 年，清政府命令在户部库存四成洋税项下拨银 200 万两；准许左向洋商借款 500 万两；命令各省应解西征饷提前拨解 300 万两，共筹 1000 万之数。

为节约粮和饷，1874 年，左宗棠命令西征军的先遣部队张曜统率所部 10 营在哈密开荒筹粮，且耕且战，张部疏浚荒废的水利工程，开荒 20000 余亩，到 1845 年秋，收获大米八九十万斤。景廉内调后，左宗棠又命令张曜接办景廉部的屯田，以资军用。

再次，建立兰州机器局，为西征军修造枪炮。为给西征军准备必要的军火，1873 年春，左宗棠在甘肃兰州开办了一个近代兵工厂——兰州机器局。从广东、浙江等地招聘熟练工人到兵工厂做工。至 1874 年，仿造德国的螺丝炮及后膛七响枪，改造中国旧有的劈山炮用合膛开花子，并成功改造了广东无壳抬枪，比洋枪打得更准、

---

① 《左文襄公全集·奏稿》卷四十六，第 55—56 页。

更远。1875年，该局仿造了德国后膛进子螺丝炮大小20尊；制造了后膛七响枪数十杆；仿造成马梯尼枪；制造了大批大、小铜火，快响子、火药等。这些武器均直接用于装备西征部队。虽然兰州机器局规模不大，制造能力有限，但它所制造的武器在收复新疆的过程中，仍发挥了重要的作用。

打有准备之仗，自古兵家均十分看重。左宗棠为收复新疆，殚精竭虑地做准备，终排除各种干扰，相继解决了人选、军饷、军粮等一系列问题，从而为西征铺平了道路。

## 四　缓进速战，收复新疆

1875年夏，左宗棠在兰州召开分统以上将领参加的军事会议，会商收复新疆的战略战术，此会决定由刘锦堂"自定出关马步廿余营，以缓进速战为宜"①。年底，刘锦堂特意至兰州，将左宗棠防白彦虎部窜扰逃走的方案细告部下，并以地图指示。

当左宗棠即将大军西征时，举国上下关注。不少人为之担忧，即使支持他收复新疆的人也认为只要收复乌鲁木齐，即可停止进兵，将新疆南八城及北疆之地酌情分封。言外之意是不必连续用兵，以免麻烦。而左宗棠则早已下定决心收复全疆。根据西征军的进军路线，收复新疆大致可以分为以下几个阶段。

第一阶段，收复乌鲁木齐、玛纳斯。1876年4月，湘军前锋谭上连部进驻巴里坤，分兵驻守周围要点，以保证运输线的畅通。接着，该部进攻古城，分兵屯木垒河。左宗棠命令张曜统率嵩武军16营集结哈密，严防吐鲁番方面敌军和白彦虎等部回窜甘肃；以徐占彪率军5营，进至奇台古城一带，以保护粮道为主；徐万福一部与尚北嘉领兵一部驻安西、玉门；以金顺所部40营助攻，防敌败窜玛纳斯。以刘锦堂指挥25营湘军为主力，直接进取乌鲁木齐。7月，

---

① 《左宗棠全集·书牍》卷十六，第39页。

金顺进驻阜康县城，刘锦堂进扎阜城东的九里街，侦知投靠阿古柏的白彦虎、马人得部的主力部队集中于古牧地。

古牧地位于阜康西南约 100 里处，阜康有通往该地的大路，但其中一段是 50 里的沙漠戈壁，没有水泉。白匪弃大路不守，以引清军从大路进，以便于人困马乏之时进攻。刘锦堂派主力部队于 8 月 9 日晚直攻黄田，先踞小岗，然后与金顺部左、右进击，先以骑兵冲阵，湘军步兵由谭拔萃、谭上连等率领从中间冲击，又以骑兵包抄，敌军大败。中路湘军接着直攻古牧地南关，以开花炮轰击，将士奋勇而上，攻克山垒，直取城关，完成对古牧地辑怀城（今米泉县治）的包围。8 月 16 日，清军以大炮轰城，东、北、东南三面被打开缺口后，清军相继突入城内，经鏖战歼敌 5000 人。攻占古牧地后，乘乌鲁木齐空虚，率军直取，一举攻占北疆重镇乌鲁木齐。

收复乌鲁木齐后，西北有"总要可扼"，乌鲁木齐城雄踞天山的结合中，西控昌吉、呼图壁、玛纳斯，东通哈密。新疆地势是北高南低，占领乌鲁木齐，扫清北疆，为收复南疆创造了十分有利的条件。当刘锦堂、金顺进攻阜康时，清军一部围攻玛纳斯。8 月 18 日收复玛纳斯北城，至 11 月初收复玛纳斯全境。至此，历时 3 个月，阿古柏在北疆的据点全部被清军拔除。

在收复乌鲁木齐后，英国侵略者大为惊恐，急令刚刚与李鸿章签订《中英烟台条约》的威妥玛调停，想挽救阿古柏覆亡的命运。1876 年 10 月中旬，左接到清政府转威妥玛愿为阿古柏乞降"立国"的咨札，征询左之意见。左义正词严地指出：英既代阿古柏请降，又说并非阿古柏所托；既称阿古柏愿降，又只请为属国，免除朝贡，对于"归我故土，缚献通冠"，只字未及，其目的无非是想阻止我收复南疆，而保其利益。为坚定清政府收复南疆之决心，左深入分析了当时新疆之局势，认为我大军南进，沙俄断不敢出兵南疆或支持阿古柏匪与我对抗。并说，只要以雷霆之力收复南疆的达坂、吐鲁番、托克逊三处，歼敌主力，以后则形成破竹之势，胜利在望，"无须英人代为过虑也"①。左的建言，被清政府所采纳。

第二阶段，收复达坂、吐鲁番、托克逊。左宗棠收复北疆后，白彦虎残部逃往南疆，汇阿古柏的主力盘踞南疆。阿古柏利用天山关隘，将其主力布设在达坂、吐鲁番、托克逊三角地区，企图阻挠清军进军南疆。

针对敌人的防御阵势，左宗棠的部署为：徐占彪、张曜攻吐鲁番，刘锦堂部攻达坂城，两处克复后汇攻托克逊。

1877 年春，敌人骚扰运输，以至巴里坤、古城之间的交通运输一度中断 20 余日。左宗棠乃令徐占彪调步骑 1000 人向东搜索，又将徐万福部改归徐占彪指挥，并增派骑兵、步兵前往防路，并调驻扎在包头的由金远昌统领的"卓胜军" 10 营赴古城至乌鲁木齐一线防守，原驻该地湘军则参加南征。

为加强南征力量，左宗棠从兰州防营中挑选 1000 余名湘军补充到因作战减员的参战清军，并增调骑兵归刘锦堂节制，使南征主力达到 29 营。同时对张曜部和蜀军，亦加强骑兵和炮队配置；并加强驻扎在哈密、巴里坤、古城一带的清军。

1877 年春，左宗棠命金顺率军负责防守北疆西部地区，监视伊犁俄军动向。

4 月 14 日，刘锦堂率马、步各营及炮队，由乌鲁木齐开始南征，抵达柴窝铺后，派陕安镇总兵余虎恩、汉中镇总兵谭上连等率步骑，乘夜直攻达坂城。4 月 18 日，谭拔萃率炮队至，骑兵则击退敌人援军。4 月 20 日，刘锦堂部攻城，以大炮轰毁城墙，并击毁敌人的炮台及城内弹药库，一时如山崩地裂，乘敌军混乱之际，清军攻入城内，毙敌 2000 余人，俘 1200 余人，遂克达坂城。

4 月 24 日，湘军继续前进。罗长祜、谭拔萃率军与张曜、徐占彪会师，直攻吐鲁番。刘锦堂率谭上连、黄万鹏等马步 14 营，直捣托克逊。阿古柏得知达坂城失守，惊惧不已，急图逃窜，焚烧村堡，胁迫维吾尔族人民随同奔逃。刘即命骑兵先行，加紧进军；骑兵与

---

① 《左文襄公全集·书牍》卷十七，第 30 页。

敌对战之时，刘率大军从后赶到，分三路横击而出，"号鼓齐鸣，杀声震天"，敌军崩溃，放火自焚粮库、火药而逃，清军穷追，至 26 日，收复托克逊，毙敌 2000 余名，缴获战马数百匹，枪械 2000 余件。

清军攻取托克逊时，张曜督嵩武军主力自哈密西进，徐占彪从古城、巴里坤之间南下，与孙金彪会师盐池。21 日，徐部袭取七格腾木。22 日，徐、孙攻占辟展，25 日连克连木沁台、胜金台、鲁克沁。26 日，张、徐等主力进至吐鲁番城郊。此时，罗长祜等部前来会师，兵势愈盛，守敌白彦虎已逃走，其部下头目马人得出城投降。

清军攻克三城后，阿古柏主力被歼 3 万余人，南疆局势发生重大改变，"南八城门户洞开"，收复南疆指日可待。

第三阶段，收复南疆诸城。经历了沉重打击的阿古柏集团，开始内乱。5 月底，阿古柏暴死于库尔勒，他拼凑的"哲得沙尔"伪政权陷入分崩离析的状态。

阿古柏死后，其次子海古拉遂将军队集中于库尔勒，将军务交给艾克木汗后，运其父尸体往喀什噶尔。他一离开，艾克木汗自立为汗，随后随军西窜至阿克苏。6 月底，海古拉从阿克苏赶赴喀什噶尔，但出城不远即被其兄伯克胡里杀死。伯克胡里随即率 5000 余人的军队攻打艾克木汗，艾克木汗战败投入沙俄。

在阿古柏伪政权内乱期间，原先投降阿古柏的一些南疆上层分子，也纷纷向清军投诚，为清军扫清南疆提供了有利条件。

1877 年 8 月，经过补充的刘锦堂部 32 营发动新的攻势。刘以汤仁、董福祥、张俊祥等为第一梯队向前攻击前进，以张曜 15 营为第二梯队跟进。左宗棠调易开俊"安远军"到吐鲁番接防。

1877 年 9 月初，齐集曲惠（和硕东）的湘军分两路进军：刘锦堂率大军直指喀喇沙尔，余虎恩、黄万鹏等率马步 14 营进取库尔勒。刘锦堂军于 10 月先后进入喀喇沙尔、库尔勒。接着，刘锦堂率挑选出的 1500 名骑兵为先锋，继续追击前进；命令罗长祜率后路各营跟进，于 10 月 17 日在泽萨尔追上敌人后队，将其消灭，然后直取库车，歼敌 1000 余名，并追杀 40 里。从库尔勒到库车，清军 6

天追敌行军 900 里，前后解救数万被裹回民。清军接着又相继克拜城，于 10 月 24 日克阿克苏，该城 10 余万人"守城以待"。26 日又收复乌什城。此后，为派兵增援反正的喀什噶尔原清军守备何步云，刘锦堂兵分两路，派余虎恩、桂锡桢率军由阿克苏取道巴尔楚克、玛纳尔巴什前进；派黄万鹏、张俊率军由乌什取道布鲁特游牧区前进；命两队汇攻喀什噶尔。刘锦堂亲自率军进取巴尔楚克、玛纳尔巴什，策应前敌部队。

第二梯队张曜所部则于 11 月初进驻喀喇沙尔，11 月 26 日进入库东，然后进驻阿克苏。第一梯队攻城拔地，第二梯队紧跟而上，巩固攻占之地，首尾衔接，保证了"缓进急战"战略的实现。

12 月 17 日，黄万鹏、余虎恩两路军队合兵收复喀什噶尔，伯克胡里和白彦虎分别率残部逃入沙俄占领区。刘锦堂则于 12 月 21 日收复叶尔羌，26 日进入喀什噶尔。1878 年 1 月，收复和田。至此，除沙俄仍侵占伊犁外，新疆全部光复。

第四阶段，以武力为后盾收复伊犁。左宗棠以雷霆之力，一举收复除伊犁之外的全疆，大出沙俄意料。他们原认为清政府内忧外患不断，收复新疆永无能力，因此曾虚伪地表示："俟关内外肃清，乌鲁木齐、玛纳斯各城克复之后，即当交还。"① 可左宗棠收复新疆后，沙俄却反口，只有在割让特克斯河流域和穆素尔山口，并允许俄商进入中国内地贸易的前提下，才能交还伊犁。

清政府自左宗棠收复天山北路后，即派员与沙俄驻华公使毕佐夫交涉收回伊犁。南疆收复后，清政府要求沙俄派使节与左宗棠直接谈判，但都被沙俄无理拒绝。

1878 年 7 月，清政府派吏部右侍郎署盛京将军崇厚到俄国交涉收回伊犁。崇厚到俄国后，经不起沙俄的恐吓，在未经清政府同意的情况下，在克里米亚半岛的里瓦吉亚与俄国签订了《里瓦吉亚条约》。该条约规定，中国收回伊犁九城，却割去霍尔果斯河以西地区，特克斯河流域及穆素尔山口；还必须支付 280 万两白银给俄国；

---

① 《左宗棠年谱》卷六，第 22—23 页。

并准许俄商在嘉峪关、哈密等七处设领事，给予俄商在新疆、蒙古免税贸易的特权等等。

该条约签订后，举国震惊，因为中国在胜利收复失地的过程中却签订了一个卖国条约。左宗棠提出："先之以议论"，"决之以战阵"，提出必须从沙俄手中收复全部失地。刘锦堂也认为"非决之战阵，别无善策"。在巨大的爱国热潮影响下，清朝多数大臣均表示要改约。清政府便将崇厚治罪，同时命左宗棠做好打仗的准备。

沙俄的阴谋未得逞，便在中俄边境大肆增兵，对中国实行恐吓，形势骤然紧张。面对复杂的局势，左宗棠置生死于度外，决心奋起抗击沙俄的侵略，以捍卫国家的领土主权。他说："衰年报国，心力交瘁，亦复何暇顾及！"① 于是他拟订了一个详细的收复伊犁的军事计划，拟分东西两路进攻伊犁，收回失地。他于 1880 年 5 月，率军出嘉峪关向哈密出发；准备与沙俄一决雌雄。他认为与沙俄"非决战不可，连日通盘筹划，无论胜负如何，似非将其侵占康熙朝地段收回不可"②。6 月 2 日，行抵安西州。6 月 15 日，抵达哈密。随即部署整个新疆的军事，日夜调兵遣将，加强新疆的防务；换防各军也源源不断地从内地开往新疆前线。左还与刘锦堂、张曜等将领具体商定了收复伊犁的作战计划。

当左宗棠厉兵秣马准备收复伊犁，抗击沙俄的侵略时，清政府派驻英、法公使曾纪泽赴彼得堡与沙俄重开谈判。在左宗棠以军事做后盾的背景下，曾纪泽于 1881 年 2 月 12 日与沙俄签订了《中俄改订条约》（即中俄《伊犁条约》），沙俄同意交还特克斯河谷约两万多平方公里的土地，和通往南疆的穆札尔山口，但仍割占了霍尔果斯河以西一万多平方公里的土地，并要清政府赔偿 900 万卢布等等。该约虽是沙俄强加给中国的不平等条约，但与崇厚所签条约相比，毕竟收回了一些权益。这样，1882 年 3 月，伊犁将军金顺带兵进驻伊犁，被沙俄侵占多年的伊犁重新回归祖国。

① 《左宗棠全集·书牍》卷二三，第 30 页。
② 《左宗棠全集·书牍》卷二四，第 75 页。

# 五 筹划抗法军事

1880 年 8 月，清廷为了与俄议和，特意下旨调左宗棠回京，"备朝廷顾问"。准备与俄一战以争国权的左宗棠只好痛苦地离开新疆，于 1881 年 2 月底抵达北京，清政府令他管理兵部事务，在军机大臣上行走，并在总理衙门上行走。但 10 月改任两江总督，兼任南洋通商大臣，于 1882 年 2 月到任。

其时，法国加紧侵略越南，窥视滇、桂边境。按惯例，两江总督兼任南洋通商大臣有权管辖两广中外交涉事宜。于是，左宗棠在新的岗位上又面临着与法国侵略者的斗争。

1882 年，法国侵占越南河内，次年 8 月下旬攻陷顺化，取得对越南的"保护权"，又集中力量北犯，直指中国。中国再次面临民族危机。清政府内部围绕如何应对法国侵略者的进犯，展开了激烈的争论。

权臣李鸿章认为，法国已决定发动战争，如果我国在滇、桂边境动兵，法国将派兵南犯粤海，北闯津、沽，中国沿海万里，顾此失彼，兵连祸结，后患无穷。又说，战端一开，经历数年，我国兵力、财力难以支持。中国未经战阵的小兵舰，也无法抵御法国新式的铁甲船。即使"一时战胜，未必历次不败，一处战胜，未必各口皆守"，认为西方国家终必战胜，到时索取赔款"以亿万计"，不堪设想。总之，战争一旦发生，费用极大，"各省海防兵单饷匮，水师又未练成，未可与欧洲强国轻言战争。"①

对李鸿章的妥协言论，左宗棠坚决反对。左认为，只要中国坚持抗法，法"虚悬客寄之师，劳兵数万里外"，"势难持久"。左认为沿海各省长期办理海防，理宜有所防备，"声势已张，无虞侵犯。"并坚定地表示，愿亲往督师迎战，"自揣衰庸无似，然督师有年"，

---

① 《李文忠公全书·译署函稿》卷十四，第 10 页。

旧部健将尚多，足以抗击法军而取胜，"不效则重治其罪以谢天下"①。左事后表白，虽无绝对打胜的把握，但处当时危急存亡之秋，不得不如此，"盖衰朽余生，得以孤注了结，亦所愿也。"② 在主张抵抗的曾纪泽、张之洞等大员的支持下，迫使清政府于 1884 年 8 月下旬，命令各省督抚准备抗战。

为准备抗战，左宗棠亲率文武官员巡阅，下关、乌龙山、象山、都天庙、焦山、江阴、靖江、狼山和吴淞炮台均留下其足迹。左与随同巡视的苏松镇总兵、淮扬镇总兵、江南提督、长沙提督和巡阅长江水师前兵部侍郎彭玉麟等商定，决定在长江入口处的第二道关口白茅沙设炮台，布设水雷与兵舰，另在无名沙脚设立水炮台，加强长江第二关口江阴要塞防务。自江阴溯江而上，则节节设防，阻敌西犯。

与此同时，制订作战规章，规定凡遇外国兵舰闯入海口不服查禁者，可开炮轰击，命中者奖；凡缴获敌舰、军械者视不同情形奖励；督队不严，临阵退缩，不听命令，不守军纪以致误事者处斩；只要敌舰冲过白茅沙要口，所有防卫阵地的官兵则不准后退一步。此章程赏罚分明，上自总督，下至官兵，均得遵从。规章一经宣布，官兵一致拥护。

为补官军不足，左宗棠在江苏沿海大办渔团。当时，苏州、松江、常州、太仓、南通、海州等属 22 厅的县，有渔户、水手一万多人。左命令 22 厅的县每处择地设一团防局，崇明岛设两局，在吴淞设总局，由苏松太道总负其责，派苏松镇总兵为会办。他颁布了组织渔团的具体办法，以及有关操练规章与奖惩办法，并特别声明：战时渔民等绝不准为敌国引水，违者严惩不贷。③

---

① 《左文襄公全集·说帖》，第 5 页。
② 《左文襄公全集·书牍》卷二六，第 44 页。
③ 左宗棠苦心加强国防实力，还可从他任两江总督时，大力支持开办徐州煤铁矿的事实得以证明。江苏省徐州铜山县煤铁资源丰富，左宗棠在一份奏折中特别提到"江南徐州铁矿矿苗之旺甲于五大洲，若能筹款开办，即于吴楚交界处择要设立船政炮厂"，"实国家武备第一要义"。所以左宗棠积极支持胡思燮用机器开采铜山县的煤铁，使铜山境内利国驿的老煤窑逐步发展为近代的徐州煤矿。

特别值得重视的是，左宗棠命王德榜组织恪靖定边军。王德榜系湖南江华人，参与西征战事，1883年夏回籍省墓，左宗棠命其乘省墓之便，在湘粤交界地区招募勇士数营，以备开赴中越边境抵御法军的侵略，并取名"恪靖定边军"，共10营。因边境形势危急，清政府批准了左的奏议。左从两江抽调记名提督杨文彪、记名总兵陈厚顺、副将谭家振、游击龙定太等数十名能战之将归王德榜指挥。

1884年1月，王德榜率军陆续开赴中越抗法前线，分驻谅山、镇南关。2月，法军大举进犯，由于广西巡抚潘鼎新的调度失误，且其亲自指挥的部队一触即溃，导致清军初战失利，连遭失败。危急关头，王德榜等与湘军老将冯子材商定机宜，携手作战，奋力反击，转败为胜，取得镇南关、谅山大捷，并势如破竹，直驱至法军老巢"驱驴"，取得了抗法斗争的胜利。

1884年1月，因坚决主张抗战遭李鸿章等遏制，加上疾病缠身，左宗棠上奏请求开缺回籍养病。4月，左与新任两江总督曾国荃办好了交接手续。此时，中法边境形势日益危急，左请求销假以参与抗法战争，但清政府将其调回北京，命他在军机大臣上行走，"预备传问"。

左宗棠在京期间，中法战争全面展开，法军在中越边境主战场失利，但在东海沿海，由于闽浙总督何璟、福建巡抚张朝栋、船政大臣何如璋等遵李鸿章之命，不做防守准备，即使在法国舰队开进闽江之后，仍不准清军军舰"发给将士子弹，并不准自行起锚"，导致法军舰队突然袭击时，闽江水师全军覆灭，马尾造船厂也被毁。官兵伤亡近千人，福州一夕数惊，东南震动。

马江水师覆亡，激起朝野愤怒。清政府迫于压力，便于9月重新起用已被"移置散地"的左宗棠为钦差大臣，督办福建军务，以支撑东南危局。对于抵抗外侮，左"其志甚坚，其行甚急"。10月抵达南京，在此作短暂停留，调兵遣将布置防务后，即离开南京，统率数营步兵赴闽，于12月到达福州。

左宗棠到达福州后，立即采取了一系列的抗法措施。

一是派兵增援台湾。其时，法军于10月2日攻陷基隆，刘铭传

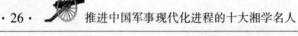

退守台北。法军进犯淡水时，被刘击败。但因法国海军封锁了台湾海峡，刘部告急。左宗棠立即派王诗正等率军渡海赴台，稳住了台湾局势。

二是整顿福建沿海防务。为防法军再次进攻，左宗棠分兵驻守长门、金牌、连江、东岱等闽江要隘，命令清军在闽江各要塞、要隘构筑阻塞工事，仅容小船通过。下令打捞被击沉在闽江的兵舰，拆卸舰上大炮做要塞炮台之用。1885 年 2 月中旬，左宗棠巡视沿海的南台、林浦、马江、闽安、长汀、金牌，检查落实防务措施，会晤福州将领穆图善，协商防务。命令撤去闽江上水道标志，沿江布设水雷，宣布封港。

三是在福建创办渔团。左宗棠派员分赴福州、福宁、兴化、泉州四府各海口，设立团局，命令地方官绅办理渔团，将渔民组织起来，以备战时急需。经过左宗棠的整顿，福州海防力量大为加强，法舰此后再不敢闯入闽江。

正在左宗棠枕戈待旦，准备迎击法国侵略者之时，清政府派李鸿章与法国议和，命令前线将士停战撤兵，左将闻此命令，悲愤难忍，于 5 月上奏："要盟宜慎，防兵难撤。"他说："驭夷之方，贵在有备无患"，法国自对我用兵以来，屡次以忽和忽战误我大局，威胁恐吓，无所不至，现在又请议和，怎可轻信？目前沿海、沿边防备稍为周密，今又议和，"日后办理洋务，必有承其弊者"。然清政府与侵略者议和的决策无法改变，于 1885 年 6 月 9 日，与法国驻华公使巴德诺签订了辱国的《中法天津条约》。左宗棠便于 6 月 19 日上奏请求开缺回籍。此时，长期南征北战的左宗棠身体极度虚弱，百病缠身。9 月 5 日，在福州病逝，谥文襄，后归葬于长沙石门乡相竹村。时人谓："朝廷失一良将，吾闽失一长城也"。

　　左宗棠是中国近代史上一个极其重要的人物，他于 1852 年开始登上政治舞台，此时他年已四十。虽然他镇压过农民起义，但仍不失为一个伟大的爱国主义者。早年他虽"身无半亩，心忧天下"。终其一生，始终贯穿一条主线，那就是坚决主张捍卫国家主权，坚决主张抵抗一切外国侵略者，并身体力行，亲自率军收复新疆，主持抗法事务。他主持创办的福州船政局，开中国创建海军之先河。他创办的兰州制造局，仿制洋枪、洋炮，对西北军事工业的发展具有奠基之功。作为近代中国反侵略、反卖国、反投降阵营中的突出代表，左宗棠虽然一生复杂，后人褒贬不一，但对于他在国势贫弱的近代中国坚持抵抗侵略的思想与行为，以及对推动中国军事近代化所做的贡献，则是世所公认的。

# 蔡锷 再造共和之功臣

　　蔡锷（1882—1916），中国近代史上著名的军事家、爱国主义者。他一生主要做了两件大事：一是在辛亥革命时期，领导了云南反清武装起义，建立了辛亥云南军都督府，进行了一系列卓有成效的改革；二是在袁世凯复辟帝制时期，领导了反袁护国战争，以"讨袁名将"、"护国军神"著称，在人们心目中享有崇高的威望。

　　蔡锷不仅仅以卓越的事功彪炳史册，而且以伟大的人格感召后人。毛泽东曾将蔡锷与黄兴相提并论，视为做人的"模范"；朱德则将蔡锷与毛泽东相提并论，视为"良师益友"和"指路明灯"。

　　蔡锷克己奉公，操守纯洁，忠心爱国，至死不渝。蔡锷身后萧条，不名一钱，淡泊明志，夙夜在公，正是他一生操守的生动写照。蔡锷身处清末民初的社会里，具有出淤泥而不染的高风亮节，难能可贵。

　　蔡锷，辛亥革命前先后在湖南、广西、云南等省教练新军。1911 年初调云南，任新军第十九镇第三十七协协统。10 月在昆明领导新军响应武昌起义，蔡被推为革命军临时总司令。旋成立云南军政府，任都督。并派谢汝冀和李鸿祥率师赴四川，迫川督赵尔丰独立；并派唐继尧进军贵州，由唐接任贵州都督。1913 年被袁世凯调至北京。1915 年袁世凯称帝，他由北京潜回云南，与唐继尧等人于 12 月 25 日宣布云南独立，组织护国军，发动护国战争。蔡任护国军第一军总司令。1916 年春率部在四川纳溪、泸州一带击败优势袁军，迫袁取消帝制，袁死后蔡任四川督军兼省长。

# 一　把"军国民主义"当作新"国魂"

蔡锷，原名艮寅，字松坡，1882年12月9日出生于湖南宝庆郊区亲睦乡蒋家冲（今邵阳市郊区蒋河桥乡蔡锷村）。少年时期的蔡锷有神童的美名。1895年，蔡锷参加院试获取"生员"（秀才）身份，年仅13岁。1898年，年仅16岁的蔡锷，由湖南督学徐仁铸推荐入湖南时务学堂上学。兴办时务学堂是湖南巡抚陈宝箴在湘推行新政的重要举措，旨在培养维新人才。时务学堂聘著名维新思想家梁启超为中文总教习，蔡锷是第一批40名学生中年龄最小的高才生。他在这里与梁启超结下了终生不解之缘。1898年戊戌变法失败，蔡锷的两位老师谭嗣同和梁启超一死一逃，给少年蔡锷以很大的刺激。

1899年夏，蔡锷去上海报考南洋公学。恰在此时，梁启超在日本东京创办了一所大同高等学校，准备培养人才，积蓄力量，图谋举事，蔡锷等人遂进入大同高等学校学习。当自立军即将起义之时，蔡锷心里不安，遂决定只身回国，先到上海，再转武汉，找到了唐才常，要求参加即将爆发的武汉起义。因蔡锷在同学中年龄最小，唐才常不同意他参加起义。由于蔡锷多次要求，唐才常遂委派他一个任务，让他到湖南去，与正在湖南训练新军的威字营统领黄忠浩联系，要求黄忠浩在武汉起义发动之后，同时在湖南起义，以相策应。黄忠浩见到蔡锷后，挽留蔡锷在湘多住些日子，以为洽商，实际上是拖延时间，观察时局的发展。

1900年，唐才常起义事泄失败，师友多遇难。经此事变，给蔡锷以深刻的教育和刺激，他决定投笔从戎，将原名"艮寅"正式改名为"锷"，取其"砥砺峰锷，重新做起"的意思。蔡锷虽未遇难，但并不安全，于是第二次前往日本，自费考入陆军成城学校。从此，蔡锷走上了以军事救国的道路。

1902年，梁启超主编的《新民丛报》在日本横滨创刊，蔡锷积极撰稿，所著《军国民篇》就是刊登于1902年《新民丛报》上的重要著作，在该文中蔡锷系统宣传和论述了"军国民主义"的学说。
19世纪末20世纪初的中国，内忧外患，民不聊生。近代中国的先进
人士、爱国分子，为了救亡图存、振兴中华而奔走呼号，奋斗献身，
各种救亡学说不断涌现。"军国民主义"这一学说的出现，正适应了
救亡图存这一历史大趋势。

《军国民篇》是蔡锷在这一时期的代表作，它开宗明义提出，中国
只有实行"军国民主义"才有希望。在蔡锷看来，缺乏军国民之精神，
缺乏军国民之教育，是中国危亡的重要因素。他在文中列举了缺乏军国
民教育的八种原因，分别在于教育、学派、文学、风俗、体魄、武器、
郑声、国势。蔡锷的结论是："军国民之乏于中国也，原因万端，不克
悉举。其原因中之原因，则不外以上八端。"

文章接着论述了"军国民之要素"，力图对"军国民主义"做
出解释和论证。然而，什么是"军国民主义"，它的要素究竟是什
么，蔡锷并没有给人一个圆满或清晰的答复，只是强调要给国民以
军事教育、军事训练等，以达到富国强兵的目的。为使中国强大，
就要建造"军国民"，而"欲建造军国民必先陶冶国魂"。

这一时期，由于清政府的腐败，国力羸弱，民族危机严重，各
行各业的爱国青年，希望从不同的方面寻求救国救民的道路。"军国
民主义"就被一部分爱国青年认为是改革的良方，军事救国的良药。
但"军国民主义"并非穷兵黩武，而是要求从军事方面进行改革，
以达到富国强兵、拯救民族危机的目的，即实行军事救国。蔡锷的
《军国民篇》，是我国较早的宣传"军国民主义"的文章。此文对
"军国民主义"思潮的形成以及"军国民教育"思想的勃兴，以至
"军国民教育会"的出现，都起了积极作用，而当时蔡锷年仅18岁。

蔡锷留学日本期间，正值19、20世纪之交，民族矛盾尖锐、阶
级矛盾加剧之际，他和当时一批有志青年一样，希望寻求一条救国
救民的道路，呼吁改革，以寻求富国强兵之道。"《军国民篇》的发
表表明了蔡锷抱定了'流血救民'的志向，以军事作为自己救国的

主要手段。"①

蔡锷的《军国民篇》发表以后，日本人下河边五郎曾将此文与蒋百里所写《军国民教育》一文，合编为《军事篇》一书，先后印行达七版之多，可见其影响之大。蔡锷宣传的"军国民主义"，是戊戌维新以后呼吁改革声音的继续。蔡锷将"军国民"与"国魂"联系在一起，认为如果通过"军国民"达到富国强兵的目的，就"必先陶冶国魂"。蔡锷把"军国民"的宣传与"国魂"问题相联系，说明这种"军国民"具有民主、爱国的内容。

蔡锷在日本留学期间，虽然年幼，却比较活跃。1901 年与杨笃生、梁鼎甫等旅日湘人创立湖南编译社及游学编译社，又倡议创立留学会馆，并于成城学校内设立校友会，联络感情，交换意见，继而与湖南、浙江之部分留日学生范源濂等 30 多人，秘密集会结社，以打倒清廷，建设新国家为宗旨。东京留学生之秘密结社，由此开始。

1903 年初，蔡锷与黄兴等又组织学生义勇队，后改名"军国民教育会"，以"养成尚武精神，实行爱国主义"为宗旨，黄兴等人被推为"运动员"。

1902 年蔡锷毕业于陆军成城学校，8 月以候补生资格投入日本仙台骑兵第二联队为入伍生，进行实际的士兵军事训练。11 月，与蒋百里自费考入日本陆军士官学校②。这在蔡锷的一生中是重要的一步。

1904 年 11 月，蔡锷毕业于日本陆军士官学校第三期。蒋百里、蔡锷、张孝准三人同时毕业，当时称他们为中国"士官三杰"。蔡锷毕业后即回国服务，从而结束了自己的留日生涯。

中国留日士官学校毕业生，许多加入了同盟会或受其影响，相当一部分后来参加了辛亥革命，成为中国资产阶级民主革命的一支

---

① 湖南省政协文史资料研究委员会编：《忆蔡锷》，岳麓书社 1996 年版，第 3 页。

② 日本陆军士官学校从 1900 年起，兼收中国学员。据统计，"到 1908 年，中国赴日本士官学校留学的学生达 1000 余人，毕业回国的则有 229 人；到 1911 年辛亥革命爆发前从日本士官学校毕业回国的中国学生达 600 余人。"

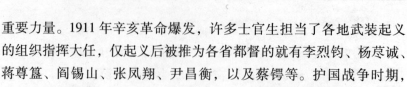

重要力量。1911 年辛亥革命爆发，许多士官生担当了各地武装起义的组织指挥大任，仅起义后被推为各省都督的就有李烈钧、杨荩诚、蒋尊簋、阎锡山、张凤翔、尹昌衡，以及蔡锷等。护国战争时期，三军总司令蔡锷、李烈钧、唐继尧及三军参谋长罗佩金、何国钧、庾恩旸，更是清一色的留日士官生。

# 二 加强边防建设，培养军事人才

1904 年冬，蔡锷自日本归国。此后六七年间是他参与清末新军编练，以军事救国报国的时期。蔡锷回国后，抱着把广西塑造为"中国普鲁士"的决心，于 1905 年 8 月赴广西走马上任，担任广西新军参谋官兼总教练官，又兼随营学堂总理官，后来，他相继兼任新练常备军总教练官、巡抚院部堂总参谋官。蔡锷还曾在广西创办测绘学堂，自任堂长；创办广西陆军小学，自任总办，以雷彪为监督。广西陆军小学共办四期，先后毕业学生数百人，李宗仁、白崇禧、黄绍竑等后来名噪一时的军事将领和政治家，都是这个学校的毕业生。

蔡锷在广西数年，担任多项重要军职。四年间，先后担任了兵备处总办（后改为参议官）、新练常备军第一标标统、龙州讲武堂监督、广西混成协协统（旅长）、学兵营营长、督练公所三处（参谋、兵备、教练）总办及干部学堂总办等职。在这期间，蔡锷在推进中国军事现代化方面，主要抓了两件大事，一是加强边防建设，二是培养军事人才。

### 1. 加强边防建设

广西地处祖国南疆，边防重要。1906 年广西成立兵备处后，蔡锷兼任兵备处会办，悉心考察和研究边境防务，撰写了《越南重塞图说》（又名《越南用兵计划》）和《桂边要塞图说》两书。在当时的历史条件下，两书的重要性是不言而喻的。可惜这两本书及蔡锷在广西历年所记日记数十册，皆已遗失。1907 年，蔡锷陪同广西巡抚张鸣崎视察广西边塞，调查沿边及安南、谅山、高平等地势民情，短衣匹马，巡行 4000 余里，考察边疆地区的山川地势及风土人情，逐一写下札记，亲手草绘略图，并提出了加强广西防务的完整计划，还建议修筑一条贵邕铁路（从贵阳到南宁），修建沿边炮台，改善防汛工作，整顿边防军务等。出入于瘴疠者经月，欣然有以自得。1909 年，蔡锷又派遣随营学堂学生分头勘测路线，为建设广西全省军路做好准备。

### 2. 加紧培养军事人才

蔡锷对练兵、培养军事人才非常重视。他到广西后，即提出了练兵主旨："一、为求中国独立自由，必须战胜至少一个帝国主义国家，以此作为最高目的；二、为达此目的，必须全国一致；三、广西必须为把握全国之枢纽。要完成此事，必须培养和团结新人。"1908 年，蔡锷在担任广西新练常备军第一标标统期间，曾亲自征兵数百名。他的征兵标准是：必须是有一定文化的青年；必须具有淳朴耐劳的品性；要明确当兵的责任。

1909 年，蔡锷接办广西陆军讲武堂，大刀阔斧地进行改革，收到明显成效。原来讲武堂的学员，皆旧军官佐，军纪荡然。蔡锷一到，加强管教，严肃军纪，采取断然措施，尽力整顿，对不称职的官员不留情面，悉行劝退。学兵营仅在一天之内即撤换官长 20 余人，仅留一排长。

蔡锷主持广西陆军小学堂的业绩，更为人所称道。他当时年仅 26 岁，不仅坚持制度，而且凡事带头，处理事务精明老练。他认为陆小学生是有希望的青年，是将来编练新兵的骨干。因此，他以全部精力把陆小办好，着重灌输新思想，为革命打好思想基础。蔡锷对于学生的生活非常关心，时常亲自到厨房检查膳食；并要教员与学生同在食堂用膳，借以加强师生之间的联系。为了增进学生体质，蔡锷亲自带领学生练习器械体操和游泳。就当时的社会风气来说，以总办之尊，而能带头练体操、习游泳，确实难能可贵。

# 三　领导辛亥昆明起义

1911年，应云贵总督李经羲之邀，蔡锷来到昆明，任新军第十九镇第三十七协协统。他在担任协统以后，有意识地支持和安排了一些同盟会会员到三十七协各标、营、连、排中任职，这就使营长以上的主要干部都换成了具有推翻清朝思想的革命人物。辛亥云南起义前夕，深受革命思想熏陶的大批云南讲武堂学生，分到新军中担任下级军官。这样，部队中的士兵就被革命党人所掌握，给辛亥"重九光复"打下了稳固的基础。

1911年10月30日晚上8时许，昆明北校场七十三标第三营李鸿祥所部排长黄毓英、文鸿揆等派兵抬子弹，做起义准备时被人察觉，于是起义就比原计划提前几个小时，由基层发动起来。蔡锷所率巫家坝起义军，迅速向城内推进，加入进攻五华山、军械局的艰苦战斗。由于1911年10月30日是农历九月初九，故史称昆明辛亥起义为"重九起义"。重九之夜，昆明战斗异常激烈。起义领导人蔡锷一直在前线指挥，直到战斗胜利结束。在辛亥昆明重九起义过程中，革命志士牺牲150余人，负伤300余人；敌方死者200余人，伤者100余人。昆明起义是武昌首义之后各省起义中战事最激烈的一次，革命党人事先做了充分准备，掌握了新军的很大一部分指挥权，广大官兵浴血奋战，终于夺取了胜利。这对武昌首义和全国革命形势的发展，是一个有力的支持和推动。蔡锷作为起义的组织者和指挥者，发挥了重要作用，功不可没。

1911年11月1日，起义官兵代表及咨议局等有关人士公推起义军临时总司令蔡锷为首任云南军都督。此时蔡锷年仅29岁。云南军政府成立以后，没有发生过大的乱子，也没有出现过"政变"的事件。军政府内部机构的变化、官员的更迭，是通过正常的手续或由议会决定，或由军政府和有关部门任命。在辛亥响应武昌起义后建立的各省新的地方政权中，云南军政府是比较有权威的。

为了创造良好的条件，整顿作风，刷新政治，蔡锷决心从严格上下班的时间入手，树立严肃认真的工作作风。1912年4月27日，蔡锷在云南军政府政务会议上规定对上班迟到的人员，实行迟到罚款的办法，要求所有单位一律实行。这可能是中国历史上，对上班迟到罚款的第一个官方的正式规定。

云南辛亥革命的成绩与蔡锷的努力是分不开的，这是蔡锷一生中的一个重大功绩，也是蔡锷成名的一个重要因素，是奠定蔡锷在中国近代历史上重要地位的开始。

# 四 撰重要兵书《曾胡治兵语录》

1911年，蔡锷辑录清代名将曾国藩、胡林翼两人治兵语录，附以按语，写成《曾胡治兵语录》一书。关于《曾胡治兵语录》一书编辑、写作的缘起，蔡锷在该书序言中有明确的交代。他说，第十九镇统制（师长）钟麟同，"嘱编精神讲话"，乃奉命应付。为此，就曾国藩、胡林翼二人的著作中，有关"治兵言论、分类凑集，附以按语，以代精神讲话。我同胞列校，果能细加演绎，身体力行，则懿行嘉言，皆足为我师资。丰功伟列，宁独让之先贤！"可见，蔡锷编辑、写作此书的目的是很明确的，是要"代精神讲话"，而且鼓励人们超越"先贤"，以成"丰功伟烈"。

这本书的价值，不仅在于辑录了曾、胡两人有关治兵的语录，而且汇集了蔡锷针对当时情况所加的重要按语。这些按语的汇集，使该书成为蔡锷自己的兵学著作，成为中国近代历史上一部有影响的重要兵书。

蔡锷将曾、胡二人治兵语录，分为将才、用人、尚志、诚实、勇毅、严明、公明、仁爱、勤劳、和辑、兵机、战守十二类，逐一辑录。每辑录之后，都附有自己的按语。从这些按语中，可以看出蔡锷的军事思想及其建军、治军与战略战术思想，是对前期所作的《军国民篇》的继承和发展，也是研究和评价蔡锷的重要材料。蔡锷编撰此书，附以按语，虽然对曾国藩、胡林翼称赞其多，但是他编撰此书的目的，是针对当时的民族危机以及清廷的腐败无能，希望加以"挽回补救"。这种愿望，在蔡锷所加的按语中，均有明显的反映。他说，编辑此书，是由于帝国主义各国企图瓜分中国和中国边疆危机日益严重所引起，编辑的目的则是为了"厉兵秣马"，以应对外国的侵略。

随着时间的推移，对《曾胡治兵语录》的评价越来越高，被誉为："是我国近代军事史上一部著名的语录体兵书，中国十大兵书之一。"蔡锷逝世后一年，即 1917 年，此书在上海首次刊印发行。1919 年，李根源在广州印行，1924 年，在广州建立的黄埔陆军军官学校曾将《曾胡治兵语录》一书作为教材，印发学员，校长蒋介石增辑"治心"一章，加以序言再版发行，此书更是风行一时。1943 年，刘达武编辑《蔡松坡先生遗集》出版时，蒋介石为该书遗集写序，再次提到蔡锷所撰《曾胡治兵语录》一书，称："二十年来，已为军中习诵之书，其有裨于励志立心者，为效弥溥。"① 1943 年，八路军《军政杂志》曾出版《增补曾胡治兵语录白话句解》，1945 年，八路军山东军区重印出版。1995 年，巴蜀书社复将增补本整理出版，陈志学译注，书后附有《曾国藩论军事谋略》万余言。此后多家出版社出版此书。

# 五 以国防为重，制订边防计划

辛亥年，云南军在对内实行一系列改革的同时，还先后派出滇军支援四川，出兵贵州与援助西藏。辛亥武昌起义以后，达赖与英印总督密商，派达桑占东潜回西藏，策划武装叛乱。西藏大农奴主则组织"勤王军"，以清政府原驻藏大臣联豫为"元帅"，亚东等地驻军也发生哗变。在西藏局势迅速恶化的情况下，1912 年 6 月 11

① 谢本书：《蔡锷大传》，广西师范大学出版社 2013 年版，第 69 页。

日，蔡锷任命云南军政府参谋厅总长殷承瓛为滇军西征军司令官，率兵进藏。滇军连战连捷，但是由于川军的妒忌，三番五次致电中央，要求中央下令滇军撤回。在这种情形下，12月14日，滇军西征军返回云南省城昆明，滇军进藏平叛与反侵略斗争遂告一段落。滇军入藏平叛与反侵略，出于维护祖国的统一，功绩昭然。

援藏滇军撤回昆明以后，蔡锷深深感到民国虽然建立，但祖国边陲危机四伏，"若屏藩不固，国将不国"。鉴于此种情形，他将精力用于考虑云南省乃至整个西南地区的边防建设，其中一项重要工作，就是组织制订滇、川、桂、粤、黔《五省边防计画草案》。

《五省边防计画草案》是由蔡锷担任主编的集体性著述。这个边防计划，主要为对付英、法帝国主义在我国西南边疆地区的侵略活动而制订的西南战区协同作战计划。它集中反映了蔡锷力图打破省界，扩张军管区，缩小省行政，在对外作战中统一指挥、统一部署的国防思想。草案分为三篇十一章，3.7万余字，附图4幅，分别对西南五省联合军的兵力编成，各省作战区域和协同方法，军队的集中展开和作战步骤，以及战前准备、兵站设置、战场建设等重大军事问题，作了阐述和规划。在草案的序言和前言中，蔡锷等概略论述了中国边疆形势，指出了俄、英、法等帝国主义侵略中国的危险性，阐明西南五省联合作战、抗击外来侵略的必要性。这不仅可作为我国外交的后盾，还可以减少内争，增强各省的联系和感情，使中央收统一之效。全书第一编主要是"五省联合军之兵力及其编成、联合军作战地之形势与战略上之价值、联合军之作战区域与作战线之划分联络及作战目标"等内容。第二编为"计划要领"，论述了在对英作战、对法作战以及同时对英、法作战时，联合军的战斗序列及其划分，联合军的集中掩护阵地及集中掩护方略，联合军的集中地点及集中方略，联合军的作战计划及兵站设置计划等。第三编简述了该计划的实施办法。

通过这个《五省边防计画草案》可以看出，"蔡锷及云南的爱国军人，为保卫西南边疆，维护新生民国的国家安全，呕心沥血，殚精竭虑，献出了自己的智慧和真诚，是令人感动的。然而在当时的特殊历史条件下，却难以实施。尽管如此，这份《五省边防计画草案》，毕竟是资产阶级军事理论与中国军事实际紧密结合的产物，是民国初年第一部筹划战区战争准备和兵力运用的方略。它凝结着蔡锷报效祖国的拳拳之心，体现了他抵御外敌入侵的坚定性和维护国家安全的警觉性。这个边防计划草案，在中国近代军事学术史上应占有相当的地位。这个计划，是蔡锷以国家为重的'国权'思想的反映。"①

# 六　与蒋百里研讨现代化国防建设

就在袁世凯就任大总统前夕，蔡锷于1913年10月9日由昆明启程，然后从越南乘海船至上海，转赴北京。蔡锷到北京之初，对袁世凯委以他的一系列职务是相当热心的，尤其热心于改革军事教育。他不仅与青年军官阎锡山、张绍曾、尹昌衡、蒋方震等11人组织军事研究会，经常聚会讨论和演讲各种军事问题、军事计划，还请外国军事学家演讲，试图改进军事教育，提高军事学术水平。

这时，蔡锷与军事学家蒋方震（百里）的关系甚为密切，他们共同以建设现代化国防为其中心思想进行活动。他重新修订了早年在广西起草的《军事计划》一书，作为国防计划的纲要。这个计划修订后，曾请蒋百里代为润色，因此可以看作蔡、蒋二人合作的著作，至少反映了两人的共同思想。《军事计划》较之《曾胡治兵语录》，更能看出蔡锷军事思想的概貌。

《军事计划》一书除"绪论"外，有七章共3万余言，主张对军事实行改革，同时也要对政治实行改革。而"绪论"则是后来补写的。在《军事计划》的"绪论"中，蔡锷提出了自己基本的军事思想，即军事要为政治服务、为国家服务，然后进行了分章论述。

《军事计划》要求打胜利的战争，尽可能不打失败的战争。《军事计划》实际上是一本军事教科书，它的第一章叙述练兵之目的——求

---

① 谢本书：《蔡锷大传》，广西师范大学出版社2013年版，第141页。

战，正其本也；第二章叙述武力之源在国力，清其源也；第三、四两章说人、说器，分析其原质，就其个体言也；第五、六两章述编制、述教育，综合其联络，明其所以相成也；第七章叙述军政之全体，挈其纲于用人与理财，而归之以诚以志，明治兵之原则。

蔡锷的《军事计划》一书是向袁世凯提出的建议，作为国防建设的参考或依据。尽管书中充满了对袁氏的殷切希望，目的是要富国强兵。从这些希望的背后，可以看到蔡锷盼望改革军事、改革政治、富强国家的强烈愿望。只是把这个愿望寄托在袁世凯身上，显然蔡锷看错了对象。尽管如此，这本书在中国近现代军事史、军事理论方面，仍然有着不可忽视的价值。这是近代中国资产阶级军事学家们向我们提供的一本系统探讨军事学的学术著作。蒋百里在该书的"跋"中，称赞《军事计划》和《曾胡治兵语录》两书，认为是"使君子于是识华胄精神系之所在焉"，可以看作研究中国军事学的学者们的"必读之书。"这个评价应该说还是有道理的。

袁世凯在对内独裁的同时，对外还进行了卖国活动。据不完全统计，在袁世凯当政的几年内，先后与俄、日、美、英等国签订了100多个不平等条约。到1915年夏天，北京政局动荡不定，袁世凯复辟帝制的活动也在暗中加紧进行。蔡锷对袁世凯的幻想和热情并没能维持多久，就逐渐对袁世凯独裁、卖国的行径感到绝望。在帝制之声甚嚣尘上之时，蔡锷愤慨地对友人说："眼看着不久便是盈千累万的人都要颂王莽功德上劝进表了，老袁便安然登上大宝，这叫世界各国看着中国人是什么东西呢！我们自知力量有限，未必抗得过他，但为四万万人争人格起见，非拼着命去干一回不可！"[①] 1915年8月15日，当"筹安会"酝酿成立之际，蔡锷从北京搭乘晚车去天津找到梁启超，筹划反对袁世凯的斗争。他认为旧国民党人都已逃亡海外，在国内的许多军人又被袁世凯收买了，只有自己把"讨贼"的任务承担起来。

从这时候起，蔡锷与京中有关人员联络，与西南军政人员密电

---

① 《蔡锷集》，文史资料出版社1982年版，第7页。

往还，互通声气，暗中积极进行反袁活动。为了设法逃出北京，蔡锷深谋远虑，进行了精心的策划。1915 年 11 月 11 日，蔡锷坐火车潜往天津。12 月 19 日，到达昆明。

# 七　反袁称帝，再造共和

辛亥革命以后，资产阶级革命思想已深入人心，广大人民群众决不允许袁世凯倒行逆施、复辟帝制，打倒袁世凯就成了举国一致的目标。袁世凯复辟帝制公开化以后，人民群众反对帝制的斗争如火如荼，遍及全国城乡各地，各党各派亦奋起斗争，逐渐形成反袁大联合，汇集成了空前壮观的反袁联合阵线。

"西南地方实力派是反袁战争中的不可忽视的力量，特别是唐继尧为代表的地方实力派的转变，为促进护国战争在云南的爆发奠下了良好的基石。而蔡锷则在反袁斗争中，起到了联合各派的纽带作用。蔡锷在反袁护国战争中，是一个比较特殊的历史人物。他既是梁启超的学生，有师生之谊，与进步党有密切关系；又与黄兴是湖南老乡，与孙中山、黄兴都保持着交往和友谊；他还曾任辛亥云南都督，与云南以及西南陆军及地方实力派人士有着千丝万缕的联系；而且与北洋派的某些上层军政人员，亦有相当密切的来往与联系。这种具有特殊关系的人物，在民初是罕见的，因而蔡锷在反袁各派大联合中所起的纽带作用是难以取代的。由于蔡锷的这种作用，使他成为护国战争中的一面旗帜，一个标志性的符号。"① 所以澳大利亚记者骆惠敏说，蔡锷得到了"整个西部老百姓的普遍爱戴"。

在举国一致的反袁斗争日益高涨的情况下，反袁护国战争首先爆发于云南。蔡锷到滇之前，云南在唐继尧领导下已积极酝酿反袁起义，受辛亥革命熏陶的滇军中下级军官罗佩金、邓泰中、杨蓁、黄毓成、董鸿勋等先后三次召开秘密会议，议决武装讨袁。

① 谢本书：《蔡锷大传》，广西师范大学出版社 2013 年版，第 193 页。

　　蔡锷从北京辗转天津、日本、上海、台湾、香港、河内，最后于1915年12月19日，到达昆明。蔡锷由北京到昆明，一路十分惊险。蔡锷的冒险抵滇，对云南正在酝酿的反袁斗争是一个新的刺激，加速了反袁护国战争的爆发。12月21日、22日，在蔡锷、唐继尧主持下，接连召开了准备起义的第四次、第五次秘密军事会议，连夜讨论了政府组成和军队的编制，以及起义的各项安排。12月23日，护国军以云南将军唐继尧、云南巡按使任可澄的名义，致电袁世凯，要求取消帝制，诛除帝制祸首杨度等13人，限期答复。这是个"先礼后兵"的电报，语气和缓，但态度坚决强硬。同日唐继尧、任可澄、蔡锷、刘显世、李烈钧、戴戡又照录前电，联名电知各省。袁世凯拒绝云南方面的劝告，坚持复辟帝制，到期也不答复云南，于是唐继尧、蔡锷等人即于1915年12月25日，向全国发出通电，宣布云南独立，反对帝制，武力讨袁。宣布起义的同时，云南方面组织了讨袁护国军和护国军云南都督府，以蔡锷为护国第一军总司令（最初称为"护国军总司令"，后因编组护国第二、三军，才改称第一军总司令），唐继尧为都督。稍后，兵力扩充，组织护国第二军，以李烈钧为总司令；组织护国第三军，唐继尧以都督兼第三军总司令，另组挺进军，以黄毓成为总司令。于是，从云南开始的反袁护国战争正式爆发。

　　在云南宣布独立之后，蔡锷不厌其烦地与各方面进行联系、劝说。1916年1月1日，蔡锷与唐继尧、李烈钧等护国三军总司令发表了长篇《讨袁檄文》，列举了袁世凯20条罪状。同日又发表了《誓告全国声明护国宗旨书》，向全国人民宣布，护国军政府的根本目的，在于讨伐袁世凯，消灭帝制，恢复共和民国。因此，需要团结和联合一切反袁人士，共同行动。其时，被编入蔡锷第一军的支队长朱德，正驻在滇南蒙自。起义前夕，蔡锷派人带了一封亲笔信给朱德及其驻滇南部队，要他们积极做好起义准备。12月25日清晨，朱德遵照蔡锷的计划，带领革命士兵驱逐了帝制派军官，宣布起义，举行了讨袁誓师大会。会后，朱德和他的军官们征用了蒙自所有的火车，把他率领的部队全体带往了昆明。

此时，蔡锷的身体非常差，肺结核正在威胁着他的生命。朱德见到了正在司令部开会的蔡锷。他后来回忆说："蔡锷起身向我们走来的时候，我大吃一惊，说不出话来。他瘦得像鬼，两颊下陷，整个脸上只有两眼还闪闪发光。那时他的声音已很微弱，我们必须很留心才能听得清。当他向我走来的时候，我低头流泪，一句话也说不出来。"① 蔡锷正是带着病弱的身体，不畏艰难，不怕牺牲，冒着生命危险走上了武装讨袁的最前线。

讨袁护国军成立后，出师计划是蔡锷为护国军第一军总司令，罗佩金为参谋长，出兵四川。1916 年 1 月 21 日晚 10 时，护国军第一梯团浩浩荡荡地开进了叙府城，护国军出师讨袁，取得了第一个重大胜利。蔡锷率军进入四川境内以后，连续发布了一系列文告，宣传护国宗旨，对稳定地方，争取民心，起了重要作用。

取得首战胜利后，蔡锷将重点攻击放在泸州一线。"只是由于袁世凯的北军主力先于护国军赶到泸州，使战场发生了不利于护国军的变化，也就使泸州为中心的川南战场争夺十分激烈，成为中国内战史上著名的恶战，是大规模使用枪炮以来，内战史上最激烈的战斗之一。"② 蔡锷在艰苦战斗中深入一线以及其乐观的精神、必胜的信念，对护国军将士起到了重要的激励作用。此时，蔡锷的病情日益加重，他在家书中写道："余近日来颇为病所苦，两星期内喉病加剧，至不能发音。每至夜中，喉间痒痛，随而大咳。此病起自去冬，因国事奔驰，迁延未治，遂至缠绵。"③

护国军在大洲驿、叙蓬溪一带，经过短时间的休整，各部建制和兵员作了调整，力量有所增强，加上广西独立，滇、黔、桂三省连成一片，进一步壮大了护国战争的声势。在这种形势的推动和鼓舞下，四川前线护国军的战斗激情又复高涨。蔡锷于 1916 年 3 月 15 日先后发出七道命令和训令，要求在 3 月 17 日进行总反攻。

---

① 史沫特莱：《伟大的道路》，东方出版社 2005 年版，第 131 页。
② 谢本书：《蔡锷大传》，广西师范大学出版社 2013 年版，第 210 页。
③ 《蔡松坡家书》，《近代史资料》1963 年第 4 期。

随即，护国军连下江安、南溪等地，重新夺回纳溪。不过，护国军此时各路兵力有限，弹药匮乏，补充不及，战局僵持，川南战事遂成胶着状态，艰苦的川南战斗事实上告一段落了。

在孙中山的号召和组织下，中华革命党人组织的各省起义遍及大江南北，长城内外，呈现风起云涌之势，如雨后春笋，如火如荼，牵制和消耗了敌人大量兵力，有力地配合了护国军主力战场的斗争。1916年春，随着护国军入川的节节胜利，中华革命党在各地纷纷起义响应，云南、贵州、广西、江苏、安徽、江西、山东、陕西、湖南等省纷纷宣布独立讨袁。

袁世凯在众叛亲离时，被迫于3月22日正式发表了撤销帝制案的申令，第二天又发布告令，废除"洪宪"年号，仍以1916年为中华民国五年。

袁世凯宣布撤销承认帝制申令，标志着他的83天皇帝梦的覆灭。洪宪帝制的取消，复辟帝制阴谋的粉碎，是中国人民护国讨袁斗争取得的重大胜利。护国战争的主要战场，川南泸州、纳溪地区，从1916年2月6日起（护国军攻占兰田坝）到3月23日止（护国军停止反攻），进行了1个半月的激烈战斗。在军事上，双方都没有达到预期的目的。在政治上，袁世凯遭到了惨败，护国军赢得了粉碎帝制复辟的伟大胜利。1916年6月6日，袁世凯一命呜呼。以反对袁世凯复辟帝制为目的的护国战争，在袁世凯死后，就自然结束了。

蔡锷作为护国军的主要领导人，在发动、领导和指挥战争的过程中，坚决果断、艰苦奋斗，对于粉碎袁世凯复辟起了重要作用，是应当充分肯定的。而且，蔡锷带病坚持在战斗的第一线，精神更是难能可贵。蔡锷既是护国战争的象征和符号，也被称赞为"护国军神"。蔡锷在护国战争结束后不久病逝，他实际上是为护国战争而献身的，是名副其实的护国英烈。蔡锷在护国战争所立下的功勋，是不会被人民忘记的。

1916年6月6日，当得知袁世凯病逝的消息后，作为讨袁名将、护国第一军总司令的蔡锷想到的并不是趁机扩张势力，而是"收束兵事，保固治安，维持财政"三点要务，而对于个人，则主张"功成身退"。6月24日，北京政府发布命令，以蔡锷为益武将军，督理四川军务。这时蔡锷的喉病继续恶化，根据梁启超的建议，战争结束以后，蔡锷去泸州治疗。在泸州蔡锷体力不支，饮食难进，他不得已于7月5日致电北京政府，请求请假东渡日本治病，但未获批准。

蔡锷于7月21日从泸州出发，是乘坐轿子去成都的，因为他已不能骑马。7月29日，蔡锷到达成都视事。蔡锷在成都视事的十天内，大刀阔斧，整理在川军队，制定军队、官吏奖惩条例。整顿军队是蔡锷所抓工作的重头戏。他初步拟定了一个暂行登记办法，即先制定一种表册交军队填报，内容为五项：（1）兵员数、兵士姓名、籍贯；（2）各部队实有枪械数；（3）各部队驻扎地点；（4）各部队率队军官姓名、履历；（5）部队招募组织日期。对上列各项，经派员切实清点，酌量编裁。他又布告，由于战争已经结束，省内各军不许再以任何理由、名义招募兵丁。

蔡锷由于病势日益恶化，实在是难以继续坚持工作，8月9日，他在少数人的陪同下，离开了成都，东去日本就医。9月9日，在他离国前夜，抓紧为《建军刍议》（即《军事计划》一书）写了一篇绪论。这是蔡锷生前最后一篇论著。从1913年10月进京到1916年病逝，蔡锷在政治军事上经历了一个由拥袁到疑袁再到反袁的过程，而支配他做出取舍的仍然是国家和民族的利益。"作为一个至诚而杰出的爱国者，维护共和，维护国权，反对袁世凯出卖国家利益与复辟帝制，不计生死，舍身为国，为四万万人争人格，是这一时期蔡锷爱国主义思想的集中体现。"[①]

9月14日，蔡锷进入日本九州福冈医科大学医院治疗。在治病期间，蔡锷万万没想到的是好友黄兴竟于10月31日在上海病逝。黄兴的病逝，对蔡锷打击甚大。延至1916年11月8日凌晨2时，蔡锷因医治无效，不幸病逝于日本福冈大学医院，终年34岁。

---

① 湖南省政协文史委编：《忆蔡锷》，岳麓书社1996年版，第27页。

　　消息传到国内，在昆明、成都、重庆、长沙、邵阳等地都举行了相当规模的追悼会。1917 年 4 月 12 日，在长沙举行了蔡锷的国葬典礼，气氛庄严、隆重。礼毕，蔡锷遗体葬于长沙岳麓山。

———————————————————————————————

　　从蔡锷求学湖南时务学堂到为护国反袁而献身，前后 20 年，正处在清末民初的历史大变动时期。"在这样的历史条件下，蔡锷从维新改良到军事救国，再到反清革命，最后为维护共和而献身，走过了曲折的道路，他的光辉业绩和巨大贡献将永远彪炳史册。更重要的，他在决定自己行动的时候，既非出于自私的动机，亦非无原则地追随和依附他人，而是基于自己的政治理念，追求富国强兵和社会进步，维护国家统一和社会安定，以国家利益为归正是他始终不渝的政治理念。"① 为此，他身体力行，表现了高度的责任感和奉献精神，以及坚定不移、临危不惧的精神和为国为民战斗到底的英雄气概。
　　蔡锷在短暂的一生中，顺应历史潮流，投身革命运动，在军事理论方面亦有突出的贡献。他所留下的《军国民篇》、《五省边防计画草案》、《军事计划》等军事著作，对推进中国军事现代化具有重要意义。

————————————————

① 湖南省政协文史委编：《忆蔡锷》，岳麓书社 1996 年版，第 29 页。

# 程潜　一生追求进步的
# 民国将领

　　程潜（1882—1968），一生不断追求进步，从参加旧民主主义革命到社会主义革命与建设，走过了漫长的路程，经受了严峻的考验。他在中华民族危亡之秋，力主抗日救亡，积极推动国共合作，并不顾自身安危，挑起指挥第一战区抗日的重担，率部奋起抗日。他深明大义，领衔湖南和平起义，得到党和人民的充分肯定，毛泽东和朱德致电慰勉，称赞："诸公率三湘健儿，脱离反动阵营，参加人民革命，义声昭著，全国欢迎。"

　　程潜，国民党军一级陆军上将。北伐战争时任国民革命军第六军军长，抗战时任第一战区司令长官。1949 年在长沙领衔和平起义，同年出席北京全国政协。其后任中华人民共和国中央人民政府委员，人民革命军事委员会副主席，全国人大常委会副委员长，湖南省省长、民革中央副主席等职。

# 一　投身反清革命与"二次革命"

　　程潜，字颂云，1882 年 3 月 31 日出生于湖南省醴陵县一个世代以耕读为业的普通家庭。1891 年入私塾就读，1896 年，到省城补过县试、府试，可惜院试落榜。1898 年再次赴省城应试，终被录取，成为秀才。从 1899 年起，程潜进入岳麓书院学习。后因愤于国事日塞，弃文习武，考入武备学校。

　　1904 年 11 月，清廷练兵处派包括程潜在内的 100 多名学生东渡日本留学。这一时期，革命形势正迅猛发展，在日本的中国留学生与国内革命党人的革命活动遥相呼应，空前活跃，程潜也融入了这股革命洪流。1905 年 8 月，中国第一个资产阶级革命政党——中国同盟会在东京成立，程潜经仇亮介绍参加了同盟会，成为该组织最早的成员之一。不久，程潜按当时入军官学校必须先当兵一年的规定，入姬路野炮连队当兵。一年以后，转入了陆军士官学校第六期。1908 年 12 月，学习期满毕业。

　　程潜于士官学校毕业后，回国任四川省混成协参谋，他一边从事新军训练，一边开始秘密从事革命活动。经过程潜的奔波努力，四川陆军第十七镇于 1910 年冬正式成立，程潜在军中大力发展革命力量，以待时机。正当川、粤、湘、鄂四省人民掀起"保路风潮"时，程潜忽接家电，得知父亲病故，他即回湖南醴陵老家奔丧。待把父亲安葬后，正准备返回四川参加起义的活动，得知自己已被委为永平（今河北卢龙县）观操员，并须于 20 日赶到北京报到。程潜遂立即启程北上，10 月 10 日，当火车行抵彰德（即郑州）时，震撼中外的武昌起义爆发了。程潜与同行的程子楷商量，决定立即南下，到武昌去参加革命。这时京汉铁路已停止客运，只有自天津航海南下一条路，于是程潜先到天津再搭商轮前往上海辗转来到武昌。

　　程潜来到武昌，受到黄兴的热情欢迎和高度信任，当即投入到紧张的武昌保卫战之中。11 月 16 日，黄兴下达三路反攻汉口的命令，程潜在龟山炮兵阵地指挥炮兵射击，以为各军做掩护。这时，袁世凯已在北京就任内阁总理大臣。为迫使南方的革命势力屈服，汉口的清军从11月21日起，向革命军发动猛烈攻势。当进攻汉口失利时，黄兴鉴于汉阳面临清军进攻的危局，要求程潜迅速回湘，以联络湘省当局，准备反清的持久力量。进攻汉口、守卫汉阳的战役，是武昌起义之后革命军为保卫起义成果而与清军展开的一场激烈搏斗。这一战役也使程潜第一次经受了革命战争的洗礼。正如他自己后来所说："这是我第一次参加实战的经验，也是我永远不能忘记的一次经验。"①

程潜回湖南以后，协助谭延闿进行裁兵工作。当时的军队训练工作，国民党内原同盟会同志都有意让程潜负责。"但程潜与当时许多人一样，认为清王朝已经推翻，共和制已经建立，今后应该主要从事民生主义建设，因而立志兴办实业，而对练兵一事并无多大兴趣。他与黄兴等34人发起成立了洞庭制革股份有限公司，主要解决湘军之军用皮革制品需要；又参与发起成立了中华汽船有限公司、五金矿业公司。"② 1913年3月3日，湖南发生退伍军官策动少数巡防队围攻都督府事件。风波过后，张孝准辞军事厅长一职，由程潜接任。

革命形势很快发生了变化，1913年3月，宋教仁被刺杀。长沙一些革命团体主张彻查宋案，一时间，湖南反袁气氛极浓。鉴于这种形势，时任军事厅长的程潜认为终必出于一战，于是他进一步抓紧时间训练军队。4—6月间，他在湖南建成了三个步兵团和一个步兵营，并打算从巡防营改编三个团，含赵恒惕所部桂军一个旅，一共编成两个师。但是未等这些军队全部编成，反袁战争因形势紧迫而提前爆发。另一方面，早在6月间，袁世凯见湖南局势不稳，可一时又无兵力进攻，遂收买若干人等携带巨款回湘，进行破坏。7月

---

① 程潜：《辛亥革命前后回忆片断》，载《辛亥革命回忆录》（一），文史资料出版社1961年版，第46页。

② 陈先初：《程潜与近代中国》，湖南大学出版社2004年版，第44页。

7 日，谭人凤奉黄兴命令由上海返湘，告以江西、广东即将发难，湖南应该响应，但湖南国民党内部派别林立，意见分歧，久议不决，谭延闿本人更是犹豫不定，不置可否。因此，湖南反袁独立呼声虽高，却迟迟不见行动。7 月 12 日，李烈钧在江西湖口誓师反袁。15 日，江苏继江西之后宣布独立。广东、安徽均跃跃欲试。在黄兴的一再敦促下，在湖南省内部分激进国民党人和社会反袁舆论的强大压力下，加上军械局被焚后来自广东、广西两省的军火已经运到，谭延闿在 7 月 25 日以都督名义宣布湖南独立。

湖南宣布独立之日，成立了湖南讨袁军，谭延闿任湖南讨袁军总司令。湖南讨袁军的主要任务是集中兵力支援江西。作为湖南军事厅长的程潜，一方面组织援赣部队，由唐蟒率部赴赣；一方面敦促湖南都督谭延闿与四川都督熊克武进行联络，约其三路出兵，会攻武汉，以配合赣军作战。不料电报被贵州都督唐继尧截获并密告武汉黎元洪，致使三路会攻武汉的计划化为泡影。唐蟒的援赣部队也由于种种原因迟迟未能到达。江西讨袁军由于得不到邻省的支援，在优势敌人的进攻下节节败退，完全丧失了反攻的能力。

江西是讨袁的重要战场，赣军的失利，对整个讨袁的战争产生了不利影响，湖南都督谭延闿见形势不妙，在 8 月 13 日宣布取消湖南独立。

"二次革命"失败后，程潜等人遭到通缉。"但程潜沉着冷静，设法掩护其他同志离湘，如谭人凤、程子楷、陈强、周震麟、唐蟒等人都是由他安排潜往上海转赴日本的。"① 掩护革命党人离湘的任务完成后，程潜于 8 月底乔扮商人离湘赴沪，10 月底转赴日本东京。

## 二　反袁护国，维护共和

1913 年"二次革命"失败后，国民党在长江、珠江流域各省的

① 陈先初：《程潜与近代中国》，湖南大学出版社 2004 年版，第 49 页。

军事力量被袁世凯摧毁殆尽，大部分革命党人流亡海外。当时聚集在东京的国民党党员，思想状况极为混乱，革命党内部的矛盾加剧。次年，欧战爆发，旅居日本因政见分歧拒绝加入中华革命党的一部分原同盟会会员和国民党党员，在日本发起"欧事研究会"，会员有程潜、李根源、钮永健、李烈钧等数十人。

在酝酿反袁的时候，程潜和欧事研究会的会员们经过分析比较，认为斗争应该放在大西南，以大西南的云南作为反袁起事的基地。方声涛接受程潜等人的委派后，启程前往昆明探明实情。1915 年 11 月，程潜、李根源两人回国进行反袁斗争。程潜等对其成员在反袁斗争中的任务做了安排：耿毅去北方进行联络，熊克武去四川组织地方讨袁军，柏文蔚、钮永健、冷遹策划苏、皖、浙地方军队的发动，林虎担任广西联络，李烈钧负责策划粤赣军事，程潜和张孝准一道负责布置两湖军事及湖南讨袁军的发动。同时他们又筹办了《中华新报》，以从事反袁宣传。

"回到上海后，程潜等欧事研究会成员本着反袁不分党派的原则，对于凡是具有反袁倾向的党派、团体、个人，都进行了广泛的联络。包括中华革命党、进步党、西南地方实力派在内的各种反袁的政治力量，均以欧事研究会为纽带，直接或间接地联合起来。这对后来形成全国范围的反袁斗争浪潮起到了极大的促进作用。"①

1915 年 12 月，程潜决定与李根源转赴香港，以便对广西方面做进一步的策动。这时，云南方面传来了好消息，12 月 25 日，唐继尧、蔡锷联名向全国发出声讨袁世凯的通电，云南宣告独立。他于是决定前往云南。程潜到昆明后，被唐继尧正式任命为护国军湖南招抚使，同时经程潜所请，唐继尧委派陈惟诚为副使、林修梅为参谋长、李仲麟为总务处长、王祺为秘书长。"义旗举南天，我行粤万里，受命抚一方，扬旌返桑梓。"② 2 月初，程潜一行满怀斗志离开昆明，前往湖南，于 3 月 25 日抵达湖南靖县。

① 陈先初：《程潜与近代中国》，湖南大学出版社 2004 年版，第 68 页。
② 程潜：《程潜诗集》，黑龙江人民出版社 1984 年版，第 1 页。

程潜开展招抚工作的第一着棋，是建立护国行政机构。为此，他在靖县设立招抚使属，并专设民政处。在全国形势的鼓舞下，程潜加紧招抚工作，湘西反袁的群众和地方民团力量不断壮大。4月28日，程潜在靖县宣布湖南独立之时，已有48县响应。5月3日，程潜在陆荣廷的接济下，率领护国军离开靖县，沿着邵潭大道，向省城长沙方向进发。其后，形势风云突变，汤芗铭宣布"独立"，袁世凯暴死。程潜在衡阳期间，与陆荣廷达成了湘桂联合以共制汤芗铭的协定。7月6日，程潜率护国军进入长沙，汤芗铭的势力终于被逐出湖南。汤芗铭走后，北京政府在各种利益权衡之下，任命谭延闿继任。这样，湖南护国运动的成果落到谭延闿手里，程潜愤而离湘。湖南又陷入南北军阀混战的局面。

此后，程潜、赵恒惕合作讨伐谭延闿，这是护法运动失败后，程潜为保存湖南的程派势力，以配合孙中山推翻桂系、准备北伐的一次重要努力。"这次合作行动虽然赶走了依附于桂系的谭延闿，但继起的赵恒惕则以北洋军阀为后台，其仇视革命比起谭延闿来有过之而无不及。赵恒惕上台和湖南程派军人失败后，国民党在湖南的处境变得更加不利了。"①

## 三　北伐扬名，创办讲武学堂

1920年11月28日，孙中山从上海回到广州后，重组军政府，任命各部长官，程潜被任命为陆军部次长。这段时期，陈炯明叛变是孙中山一生中受到的最沉重的打击。在这段最艰难的日子里，程潜始终不渝地追随在孙中山左右，先是与陈炯明周旋，继而在孙中山领导下指挥军队与叛军作战，表现出对孙中山的赤胆忠心，他也因此更加受到孙中山的信任。1923年3月初，孙中山在广州组建陆海军大元帅大本营，自任陆海军大元帅，同时任命程潜为军政部长，

① 陈先初：《程潜与近代中国》，湖南大学出版社2004年版，第99页。

负责筹划北伐大计。5 月 20 日，孙中山调集西、北两路军队于石龙，任程潜为东江讨贼总指挥，东征讨伐陈炯明，准备平定两广，再行北伐。东征平叛是孙中山第三次南下广州后为巩固新建立的革命政权而进行的一次重要战役。此役期间，程潜竭尽精诚，协助孙中山进行指挥，功不可没，因此受到孙中山的高度赞赏。

在协助孙中山讨伐陈炯明的同时，1923 年冬，程潜又在孙中山的支持下，在广州创办了大本营讲武学校。由于这个学校归大本营军政部主办，一般人又称为军政部讲武堂。大本营讲武学校设校长 1 人，由军政部长程潜兼任。

讲武学校的教学内容包括军事课程和政治课程，以军事课程为主。与后来的黄埔军校相比，大本营讲武学校的教官大都是旧军校出身，所教内容和教学方法也显得陈旧。但教官对学生要求十分严格，课程讲解也很透彻。这个学校的许多学生，后来成为国共两党的高级军政人才。大本营讲武学校开办不久，1924 年 6 月，孙中山又在广州黄埔创办了陆军军官学校，即黄埔军校。程潜遂于 1924 年 11 月间向孙中山提出将大本营讲武学校合并到黄埔军校的建议，孙中山批准了这一建议。至此，程潜开办的大本营讲武学校完成了它的历史使命。

1924 年 9 月，孙中山出师北伐，由广州进驻韶关，程潜随从出征。北伐军由湘、赣、豫军和部分滇、粤军所组成，孙中山抵韶关后，下令北伐各军一律改成建国军，特任谭延闿兼建国军北伐总司令，程潜为建国军攻鄂总司令。当北伐军正在前线苦战时，1925 年 3 月 12 日，孙中山在北京与世长辞。这时，广东发生了杨希闵、刘震寰叛乱事件，杨、刘叛乱被平定后，大元帅大本营改组为国民政府。7 月 1 日，国民政府在广州正式成立。广州国民政府采取委员制，设委员 16 人，常务委员 5 人，主席 1 人。程潜是国民政府委员之一。

在广东革命政府平定杨、刘叛乱期间，陈炯明残部又重新占据东江。9 月 16 日，陈炯明由沪抵港，策划再犯广州。为彻底肃清陈炯明等军阀势力，统一广东全境，国民政府做出了第二次东征的决定。9 月底，东征军总指挥部正式组成，由蒋介石任总指挥。总指挥部下辖三个纵队，其中程潜任第三纵队队长，辖攻鄂军、豫军、赣军共约 6000 人。东征军在广大工农群众的支持下，经过 1 个多月的作战，摧毁了盘踞东江多年的陈炯明军阀势力。程潜及其所部英勇善战，出色地完成了所担负的战斗任务。东征结束后不久，程潜赴广州出席国民党第二次全国代表大会，当选为国民党第二届中央执行委员会委员、国民党中央军事委员会委员。

经国民政府核准，军事委员会于 1926 年 1 月，正式任命程潜为第六军军长，将所统攻鄂军编入国民革命军序列。由于北伐成为广大人民群众及各派政治势力的共同主张，广州国民政府于是下决心进行北伐。1926 年 5 月，第四军之叶挺独立团作为北伐先遣队，首先挺进湖南。7 月 15 日，程潜亲率第六军之第十七、十九两师从惠州出发，经韶关、郴州、安仁、醴陵、浏阳等地，于 8 月下旬到达湖北咸宁。这期间，北伐军进展异常迅速，盘踞东南五省的孙传芳开始调动其五省联军袭击北伐军。对于孙军的进攻，北伐军兵分三路，分别向赣西、赣西北、赣南进军。程潜所领第六军之两个师和第一军之第一师被编入赣西北一路，程潜任该路总指挥，所派任务是负责进攻江西修水、铜鼓、德安，以截断南浔路。北伐军三路大军势如破竹，在仅仅十多天的时间里，即攻占萍乡、袁州、新余、清江、修水、铜鼓、赣州、高安、奉新等 20 多个重要城镇，使南昌处于北伐军的包围之中。但是，由于各部队之间缺乏配合，北伐军两次组织进攻南昌均告失败。南昌撤围后，江西战场进入了一个短暂的休战时期，北伐军总部重新制订了"肃清江西"的作战计划。这次攻击的重点放在夺取南浔路。根据作战计划，北伐军分为左、中、右三路，其中中路以程潜所辖之第六军担任，其任务是进攻对整个战役"具有决定性意义"的乐化车站和涂家埠。在北伐军英勇战斗下，1926 年 11 月 14 日，江西全境得以肃清。其后，北伐军沿长江下游乘胜追击。

当北伐军节节胜利之时，蒋介石和在武汉的国民党左派之间的分歧日益明显。3 月 25 日，程潜率领的江右军已经占领南京。30 日林伯渠抵达南京，希望他逮捕蒋介石。但在林伯渠到达南京之前，蒋介石已预先在27日电召程潜至上海，委任程潜为南京卫戍司令，要程潜准备反共清党，并将国外人士和上海买办提供的2000万反共经费划拨一部分给了他。程潜由沪返宁后，李济深、何应钦、黄绍竑等又致电程潜，要其通电拥蒋。程潜自称不愿做分裂国民革命军的第一人。此时的他虽然还不完全赞成蒋介石等人的"清党"主张，也不愿公开发表拥蒋通电，但指望他去逮捕蒋介石，却是不可能了。其时，武汉国民政府与蒋介石关系极为紧张，程潜为北伐前途担忧，便以国民党元老身份来往于宁汉之间，进行调解。

此后，国民党内部各派系为争夺权力，开始了复杂的内斗，程潜在这一时期成了派系斗争的牺牲品，程潜组建的新六军也被蒋介石所吞并。1928年5月21日，程潜在汉口被李宗仁拘禁。自此，蒋、桂以牺牲程潜为条件，实现了暂时的结合。

## 四　参与国防建设，率部奋起抗日

1928年11月，程潜被解除拘禁以后，在上海过上了几年赋闲的生活。这一时期，日本侵略者咄咄逼人的攻势，引起了南京政府极大的不安。国民党因为形势的需要，对国民党及军事委员会做了较大的人事调整。1935年11月，程潜作为正式代表出席了国民党"五全"大会，会上当选为中央候补执行委员。在接着召开的五届一中全会上，他又被推选为国民党中央政治委员会委员。12月18日，国民政府正式任命程潜为军事委员会总参谋长，接着又授予其二级陆军上将军衔。自此，程潜重新成为国民党内一名军政要员。程潜上任伊始，即投入了抗战的准备工作。

从1936年下半年开始，国民政府的抗战准备逐步展开。7月，为整理全国国防，特设了国防会议，以"讨论国防方针及关于国防各重要问题"。在参谋总长程潜亲自主持下，《民国二十七年度国防作战计划》由军委参谋本部在1937年3月修订而成。

　　1937 年 7 月 7 日，卢沟桥事变爆发，中华民族长达八年的抗日战争从此开始。程潜作为一名高级军事指挥官，也积极投身于伟大的抗日战争的洪流中。1937 年 9 月 14 日，日本华北方面军第一军以三个师团约 10 万人的兵力，分三路向涿州、保定地区发动大举进攻。在强敌进击下，守军无力抵挡，被迫放弃保定，向石家庄地区撤退。日军占领保定后继续南进，将战线推进到石家庄至德州一线。在此形势严峻的关头，国民政府军事委员会决定调整华北的作战指挥系统，划平汉线北段为第一战区，以程潜兼代第一战区司令长官。程潜随即驰赴河北邢台坐镇指挥，他自己预立遗嘱，抱着拼死疆场的决心，亲自上前线指挥作战。

　　1938 年 1 月中旬，蒋介石在武汉对军事委员会进行改组，以适应 1937 年 12 月 13 日南京陷落以后新的战争形势的需要。从这时开始，程潜不再任参谋总长，而正式出任第一战区司令长官，统辖商震的第二十集团军和宋哲元的第一集团军，外加直属部队，共计二十五个步兵师、两个步兵旅、两个骑兵师及其他特种部队共数十万大军，驻守郑州。2 月上旬，程潜又受命兼任河南省政府主席，以实现战区军政统一。1938 年 3 月下旬，台儿庄保卫战正式打响。台儿庄保卫战主要是由第五战区组织进行的，但是第五战区以外其他部队的配合作战也功不可没。尤其是第一战区部队，从全局出发，在外围牵制和打击日军，配合第五战区，为夺取台儿庄战役的胜利做出了重要的贡献。

　　台儿庄大捷后，蒋介石决定在徐州地区同日军进行决战。但战争打响后不久，前线便告失利。日华北方面军分作数路，长驱直入，意在占领兰封，切断陇海路，消灭陇海路东段中国军队的主力，进而占领郑州，沿平汉路南下，与江西日军相呼应，会攻武汉。为打破日军的上述企图，蒋介石令程潜组织兰封会战。程潜急调薛岳兵团和胡宗南军团，组织兰封会战。

　　其时，日军有沿陇海线西进，攻取郑州的企图。日军精锐土肥原师团业已逼近开封。为阻止日军西进，程潜指挥所部猛烈反攻，夺回兰封，使陇海线恢复通车，将被困的 40 多列火车安全撤回郑州。土肥原师团攻势受阻，锐气大挫，又调两个师团投入战斗，攻陷陇海线重镇归德（今商丘）。中国军队在开封、兰封连日血战，给敌人以重大杀伤，但未能达到阻止敌人攻势的目的。日军于1938年5月23日攻陷兰封，部署在开封、兰封间的中国主力部队有陷入包围的危险。在这种情况下，程潜立即奔赴开封，设立指挥所，调整部署，拟订以优势兵力全歼土肥原的计划，亲自督战。5月25日清晨，程潜下令部队开始总攻，26日，程潜令宋希濂率71军两个师反攻，经过多次对攻激战，27日收复兰封，恢复了陇海铁路交通，保障了五战区部队的安全撤退。土肥原部在程潜优势兵力围攻下，龟缩在三义砦、罗砦和南北之线，凭借空中优势，固守待援。

然而，豫东战场的颓势终难挽回。6月1日，蒋介石在武汉召开最高军事会议，决定部队从豫东战场撤退，命令10多万军队即刻解除对土肥原的围攻，分途由陇海、平汉两路沿线"转进"，整顿待命。程潜奉命停止围攻，向平汉以西山地转移。6月7日，日军攻陷开封，郑州岌岌可危。若郑州失手，日军不仅直接威胁武汉、西安，将进而窥视我国西南大后方。在此紧急关头，蒋介石决定放弃黄河以北地区，下令将花园口地段的黄河南岸大堤掘开，让河水淹没敌军。"炸毁黄河铁桥和掘开黄河大堤，均由第一战区三十九军新编第八师师长蒋在珍指挥。6月7日，中国当时最大的铁路桥被彻底炸毁。然后，程潜征得蒋介石同意，指挥所部在黄河花园口决堤，酿成了我国抗击日军侵略军'以水代兵'的震惊中外的一大事件。"①由于黄河决口，打乱了日军进占郑州、西窥洛阳、南下武汉的战略部署，迫使其在中原战场上收缩兵力，改从长江两侧西上包围武汉，从而延缓了武汉失守的时间。但是黄河决堤带给普通老百姓的深重灾难是触目惊心的。"程潜作为战区司令长官，虽然出于军事的考虑忠实执行了上司的命令，但他作为这一时间的重要责任人，对决堤所产生的严重消极后果，也是难以辞其咎的。"②

---

① 陈利明：《程潜传》，解放军出版社1992年版，第264页。
② 陈先初：《程潜与近代中国》，湖南大学出版社2004年版，第211页。

　　抗日战争爆发后，国共两党结束了十年内战的状态，实现了第二次合作，由此带来了全国军民团结抗战的新局面。为适应这一抗战形势发展的需要，中国共产党及时提出了改造政府和军队的问题，其中对国民党军队的改造，重要的一环就是加强政治工作。在中国共产党的推动和影响下，抗战初期国民党军队的政治工作出现了一些新气象。抗战之初，第一战区的政治工作主要由少将处长李世璋负责。程潜"明知李是左倾拥共的，却仍然重用，说明程是真心拥护国共合作的"[①]。

　　1938年10月，武汉和广州被占领后，中国抗日战争由战略防御阶段开始进入战略相持阶段。继南岳军事会议之后，蒋介石又于同年12月下旬，在陕西武功召集北中国战场各参战高级指挥官举行了武功军事会议。主要是宣示南岳会议的决定。程潜以第一战区司令长官的身份出席了武功军事会议。会议结束后，蒋介石立即宣布程潜改任军事委员会天水行营主任，仍遥领河南省主席（至1939年9月）。这个天水行营主任是个空架子，程潜实际上是被架空了。但是程潜也并不是毫无作为的。他在天水行营主任任期内，在维护国共团结一致抗日方面，在掩护一些共产党员、进步人士从事抗日活动方面，做了不少有益的工作。"程潜就任天水行营以后，仍然保持着与共产党之间的联系。在国民党政策发生倒退、反共活动加紧的情况下，他仍然尽可能地继续从事对抗日、对人民有益的工作，这在当时国民党高级军政要员当中是不多见的。"[②]

　　在西安期间，程潜还参与开办了西北游击干部训练班。按照当时的说法，是为了适应游击战的需要，"造成广大中坚干部，深入敌后，正确领导与发展游击战争，以打破敌人在占领区内政治、经济、军事之活动，以及一切后续人力物力之援应。"[③] 西北游干班招收的

　　① 肖作霖：《我与程潜的交往》，载《文史资料选辑》第27辑，中华书局1962年版，第50页。
　　② 陈先初：《程潜与近代中国》，湖南大学出版社2004年版，第221页。
　　③ 李默庵：《游击干部训练班史略及教育概况》，载《湖南文史》总第33辑，湖南人民出版社1989年版。

学员主要是天水行营所属各省党部与省府下辖行政、党务机关选送的党政官员、青年学生等。每期学员受训期限为三个月，结业后一般分到部队办班训练基层军事骨干，编组游击队伍，或者深入敌后直接开展游击战争。程潜在天水行营任职期间，对西北游击干部训练班非常关心，并且常常为学员讲课。

程潜任天水行营主任仅仅一年多一点时间，至 1940 年 5 月，程潜赴重庆出任军事委员会副参谋总长兼战地党政委员会副主任。党政委员会撤销后，蒋介石没有再派程潜担任其他新职，而仅仅保留其一个副参谋总长的职位，直至抗战结束。

# 五　领衔湖南和平起义

为对付中原地区的中共军队，蒋介石于 1946 年春下令撤销第六战区，同时以此为基础成立军事委员会委员长武汉行营（同年 7 月改称国民政府主席武汉行辕），作为国民党在华中地区的最高军政领导机构，由程潜担任行营主任，管辖地区为河南省南部以及湖北、湖南、江西三省全境。这一时期，程潜被蒋介石、白崇禧所排挤。

1948 年 7 月 11 日，程潜从南京启程前往长沙。此时程潜有着两个头衔，一个是长沙绥靖公署主任，一个是湖南省政府主席。

从 1948 年 9 月起，人民解放军经过一年的攻势作战后，发动了对国民党军队的战略决战，在不到五个月的时间里，接连取得了辽沈、淮海、平津三大战役的胜利，东北、华北以及华东大部地区获得解放，人民解放战争的胜利已成定局。在这种局面下，程潜采取了一些靠拢人民的重要步骤。在统一湖南党政军权后，1948 年 8 月，他成立湖南省经济委员会，自辟财源，管理粮食贸易事项。1949 年 1 月，他电请行政院、国防部暂停湘省年底征兵，实际上，从这时直到湖南全省解放，均未再行征兵。与此同时，程潜又令减少征粮。2 月，又开释羁押已久的 80 多名政治犯。此外，他还下令封存了中央银行在长沙待运的黄金白银。

随着人民解放军的胜利推进以及程潜回湘后矛盾心态的日益表露，中共湖南省工作委员会加强了对程潜的统战工作。省工委对程潜成立专门工作小组，由余志宏任组长。1949 年 2 月中旬，陈明仁率部前往湖南，并兼任长沙警备司令，以协助程潜掌握兵权。

1949 年春，长沙和平运动风起云涌，促使程潜、陈明仁坚定走和平起义道路的决心。

程潜走和平道路的主意打定后，他便开始寻找与共产党的直接接触。1949 年五六月间，在中国共产党的争取下，程、陈和平起义已经接近成熟的阶段，下一步的任务就是如何部署起义的一些具体问题了。6 月，毛泽东收到了程潜要求和平起义的"备忘录"，7 月 4 日，毛泽东亲笔复电程潜，表示对其和平解决湖南问题的方针极为佩慰。程潜接到毛泽东的复电后非常高兴，他对部下说："湖南的问题，去年就开始酝酿，由于没有得到毛主席的指示，宝盒还没有揭开，顾虑很多。现在有了这封信，真是湖南人民的喜讯啊！有了毛主席的指示，不仅我个人的去处用不着顾虑，而且整个湖南问题，一定会得到圆满解决。"① 紧接着，他派刘纯正前往汉口与第四野战军联系，要求解放军从速入湘。

7 月初，人民解放军开进湖南。7 月 29 日，第四野战军派出的代表李明灏同程潜、陈明仁进行了商谈，就有关和平起义的一些具体问题达成了初步协议。

1949 年 8 月 4 日，由程潜、陈明仁领衔，37 位将领联名，正式发表了宣告湖南和平起义的通电。宣布正式脱离"广州政府"，站在人民的立场，加入中共领导的人民民主政权，与人民军队为伍。毛泽东、朱德因故迟至 8 月 15 日才收到程潜补发的起义通电，16 日，毛泽东、朱德复电程潜、陈明仁及全体起义将士，称赞其"率三湘健儿，脱离反动阵营，参加人民革命，义声昭著，全国欢迎"。并希望他们"团结部属，与人民解放军亲密合作，并准备改编为人民解放军，以革命精神教育部队，改变作风，力求进步，为消灭残匪，

---

① 陈先初：《程潜与近代中国》，湖南大学出版社 2004 年版，第 269 页。

解放全国人民而奋斗"①。

8月5日，人民解放军138师从小吴门威武雄壮地进入长沙市区，长沙市盛况空前，十多万群众夹道欢迎，庆祝解放，欢呼和平。9月，起义部队开始整编。从此，这支从国民党阵营里分化出来的部队，在中国共产党的领导下，逐步改造成为一支新型的人民军队。

湖南宣告和平解放不久，中共中央决定湖南人民临时军政委员会主任委员程潜作为出席全国政协会议的特邀代表。1949年9月，中国人民政治协商会议第一届全体会议在北京隆重举行，程潜高兴地出席了会议。在这次会议上，程潜当选为第一届全国政协委员，并当选为中央人民政府委员，不久又被任命为人民革命军事委员会副主席。1952年3月，政务院任命程潜任湖南省政府主席，直至1967年8月，程潜一直连续担任湖南省最高行政领导职务，先是省人民政府主席，1955年以后连续三届为省人民委员会省长。

1968年4月9日，程潜在走完了86岁的人生旅程后，因病与世长辞。

程潜一生经历众多重大历史事件，参加过辛亥革命的武汉保卫战和孙中山领导的讨袁护国、护法战役，抗日战争爆发后他指挥部队积极抗日，为中国的进步与抵抗强敌做出了重要贡献。1949年8月在长沙与陈明仁宣布和平起义，深明大义，顺应了历史潮流。正如程潜后来所说的那样："这个正义的行动，在一定程度上缩短了解放全部大陆的时间。这个正义的行动，使湖南地区免于战争的毁坏，因而湖南人民得以较快地恢复和展开国民经济。在人民的推动和支持下，我个人能在这个正义的行动中献出一份力量，其结果，是使我找到了革命的归宿，成全了晚年的大节，并得以竭尽全力，做一些真正有益于人民的事情。"②

① 《湖南文史》第35辑，湖南文史出版社1989年版，第191页。
② 程潜：《程潜省长对台湾军政人员的广播稿》，1955年8月。

# 彭德怀　攻坚克难的人民军队创建者

　　彭德怀（1898—1974），无产阶级军事家，中国人民解放军的缔造者之一。作为人民军队的重要创建者，彭德怀长期担任红军、八路军和解放军的高级领导职务，积累了丰富的战争指挥和军队建设经验。毛泽东曾写诗赞扬他："山高路远坑深，大军纵横驰奔，谁敢横刀立马，唯我彭大将军。"

　　彭德怀认真研究中国革命战争的特点和规律，创造性地执行毛泽东提出的战略方针和战术原则，丰富和发展了人民战争的战略战术。他为我国积极防御国防战略的确立以及军事统帅体制的调整优化做出了重要贡献。彭德怀所积累的丰富军事思想，为毛泽东军事思想的形成和发展做出了重要贡献。

  彭德怀，1928 年 4 月与滕代远、黄公略等领导平江起义，组建中国工农红军第五军，任军长兼第十三师师长；后率红五军主力到达井冈山与毛泽东、朱德领导的第四军会师。1934 年 10 月率部参加长征。1935 年 9 月，任陕甘支队司令员。同年 11 月，任西北革命军事委员会副主席、第一方面军司令员。

  抗日战争爆发后，任八路军副总指挥（第 18 集团军副总司令）。1942 年 8 月代理中共中央北方局书记，1945 年 6 月当选为中共第七届中央政治局委员，并被任命为中央军委副主席兼总参谋长。解放战争时期，任西北野战军（后为第一野战军）司令员兼政治委员、中国人民解放军副总司令。1949 年任中共西北局第一书记。新中国建立后，任中央人民政府人民革命军事委员会副主席。

  1950 年 10 月，彭德怀出任志愿军司令员兼政治委员。1952 年 4 月回国，主持中共中央军委日常工作。从 1954 年 9 月起任国务院副总理兼国防部部长和国防委员会副主席，1955 年授予元帅军衔，1956 年被选为中共中央政治局委员。1959 年 7 月，彭德怀在庐山会议期间，遭到错误的批判。接着被免去国防部长等职务。1978 年 12 月，中共中央为彭德怀平反昭雪，恢复名誉。

# 一　红军的创建者

彭德怀，湖南湘潭人，原名得华，号石穿，1898 年生。早年家贫辍学务农，下煤窑做工；15 岁时参加饥民闹粜，被官府通缉。1916 年 3 月中旬，入湖南陆军二师三旅六团当兵。这时，湖南一方面处于南北军阀混战之中，一方面又受着辛亥革命新思潮的冲击。他在行伍中耐劳，在战场上勇敢，练武习文皆成绩优异。1922 年春，彭得华回到家乡乌石，在家务农数月。

1922 年秋，湖南创设陆军讲武堂，"彭得华改名彭德怀，与黄公略、张荣生一起考入讲武堂学习。"① 1923 年 8 月毕业后，彭德怀回二师三旅六团一营一连任连长。经过一系列军阀战争，到 1926 年升任营长。1926 年夏，北伐军自广东入湖南，克长沙，彭德怀所在的部队改编为国民革命军第八军。彭德怀在八军一师一团一营任营长，1927 年参加北伐，一营奉命配合国民革命军第四军叶挺独立团行动，攻打武昌之南门。

"参加北伐是彭德怀一生中决定性转折的开始。北伐军中共产党卓越的政治工作，使他很快就对社会主义、共产主义理想产生了向往。"② 1927 年，八军一师改编为独立一师，旋改为独立五师。年底，彭德怀被任命为独五师一团团长。彭德怀率领的部队在湘军中以军纪好、战斗力强著称。彭德怀部队的情况，引起了他驻地的中共党组织南（县）、华（容）、安（乡）特委的注意，和他取得了联系。1928 年 1 月，彭德怀被认定为中共正式党员。

1928 年 6 月，彭德怀率一团随独五师师部移驻平江。7 月 22 日上午，彭德怀率领官兵举行平江起义。起义后宣布成立工农红军第五军和平江县苏维埃政府，推选彭德怀为第五军军长，滕代远为党

---

① 《彭德怀自述》，载《湖南陆军讲武堂同学录》，人民出版社 1981 年版，第 22 页。
② 《彭德怀》，载《中共党史人物传》第 30 卷，陕西人民出版社 1986 年版，第 7 页。

代表。"平江起义是在中国革命处于十分艰难的时候举行的，对湘鄂赣革命根据地的创建和发展，对红军的发展和壮大，对整个中国革命作出了重要贡献。"① 7 月 30 日，红五军在平江城郊与敌激战终日，因众寡悬殊于当晚撤出战斗。

根据湖南省委的指示，彭德怀和滕代远率红五军主力于 8 月下旬向江西万载发展，相机南下向井冈山进军。12 月 11 日，红五军与毛泽东、朱德率领的红四军顺利会师。红五军刚上山，湘鄂赣当局又发动了对井冈山的"会剿"。红四军前委召开柏露会议，决定朱德、毛泽东率四军向赣南进发，彭德怀率五军与王佐部留守井冈山，并任红四军副军长。

1930 年 7 月，红五军奉命扩编为红三军团，彭德怀为总指挥，滕代远为政治委员。三军团下辖五军、八军和十六军。7 月 22 日，红三军团在平江举行了平江起义两周年纪念和进攻长沙的誓师大会，彭德怀在火线指挥红五军和红八军冲锋，于 7 月 27 日攻克湖南省会长沙市。红军进入长沙后，8 月 2 日宣布成立湖南省苏维埃政府。但因遭到何键军队的夹攻，5 日晚撤出长沙。

8 月 23 日，彭德怀率红三军团在浏阳之永和市与朱德、毛泽东率领的红一军团会合，成立中国工农红军红一方面军。1930 年 12 月至 1933 年 3 月，彭德怀率领的部队和红军其他部队一起，先后粉碎了国民党对根据地的前四次"围剿"。

1934 年 10 月中旬，第五次反"围剿"斗争失败，红军被迫撤离中央根据地，开始长征。1935 年 10 月 19 日，红军到达陕北吴起镇。1935 年 11 月 3 日，苏维埃中央政府命令组成西北革命军事委员会，毛泽东为主席，周恩来为副主席。同时，恢复中国工农红军第一方面军番号，委任彭德怀为司令员，毛泽东为政治委员，下辖一军团、十五军团。

---

① 《彭德怀》，载《中共党史人物传》第 30 卷，陕西人民出版社 1986 年版，第 7 页。

# 二　参加指挥伟大的抗日战争

1937 年 7 月 7 日，卢沟桥事变以后，根据国共谈判协议，红军改编为国民革命军第八路军，朱德任总指挥，彭德怀任副总指挥。9 月 12 日，八路军改称第十八集团军，朱德任总司令，彭德怀任副总司令。下辖一一五、一二零、一二九三个师共 42000 人。红军改编后即开赴山西抗战前线，开始了八路军在华北的浴血战斗。彭德怀和朱德等一起率领八路军先后取得了平型关大捷、反摩擦战役、百团大战的胜利。1941 年后，华北敌后抗战进入最艰苦、最严酷的时期，彭德怀担负起华北敌后党和军队的领导重任，领导敌后军民与日军作殊死斗争。1943 年 9 月，彭德怀和刘伯承一起离开了他战斗了六年的华北前线，返回延安参加党的第七次全国代表大会。此后，彭德怀在延安协助毛泽东、朱德继续指导华北敌后战场的斗争。

彭德怀自投身革命以来，久经战争洗礼。在第二次国内革命战争时期，他率领红军与国民党反动派进行了殊死的斗争，积累了十分丰富的革命战争经验。抗战时期，他作为八路军的重要领导者，在指挥八路军与日本侵略者进行的残酷、长期的反侵略民族革命战争中，进一步丰富、深化了对战争规律的认识。

抗战之初，彭德怀对中日两国之间悬殊的国力、军力差异，有着清醒的认识。他提出：谁都应该认识，抗日的民族革命战争是一个神圣的伟大的事业。我们面对的是强大的日本帝国主义，固然不应过分估计敌人的力量，而致丧失自己胜利的信心，但亦不应轻视敌人的力量，而放松自己的动员与必需的准备。我们需要最高的抗战热情与胜利的信心，我们尤其需要有冷静而客观的态度，讲求争取抗战胜利的办法。[①]

彭德怀在长期的战斗历程中，总结了许多战略战术思想：

---

① 《彭德怀军事文选》，中央文献出版社 1988 年版，第 35 页。

### 1. 战略的防御与战术的进攻

因为中国并无侵略他国的能力和野心，而完全处于被日寇侵略的地位，我们是为自卫而抗战，所以在战略上是防御的。但战术上若采取专守防御，是决不能够解决战斗的。因为我国兵器远不如人，国防设备又极微弱，如果采取单纯的防御，必然招致失败的恶果，所以我们在战术上，应尽可能是进攻的，必要时亦应采取积极的防御（即攻势防御）。积极防御的要诀，在于乘敌在运动中立足未稳时，集中优势兵力，以坚决、勇猛、迅速的手段歼灭敌人，减少敌人空军、炮兵及其他机械、化学兵种配合的效能。只有在运动战中解决了敌人，打击了敌人，才是达到防御目的的最好手段。防御也是为着节约兵力——用在运动战中消灭敌人的手段。

### 2. 坚持游击抗战

彭德怀认为，在游击战争广泛开展的条件下，可以调动敌人，分散敌人，封锁敌人消息，使我正规军得以采取大步前进、大步后退的战术原则，求得运动战的机会。至若单纯的防御，不了解寻求出击的机会，不了解操纵敌人、调动敌人的巧妙办法，只晓得摆在一个阵地上拼消耗，这无异帮助敌人发挥现代技术的威力。彭德怀反对那种拼消耗的战术。他反驳了某位军事家提出的，中国只要同敌人拼消耗，我死十个，敌死一个，最后我们也可取得胜利的观点。彭德怀还说：我很佩服他的坚决意志，但从战术的观点上说，我们却完全不能同意这样的主张。战术的要求是要以小的牺牲换得大的胜利，因此，我们才要讲求战术和指挥的艺术。我们绝不是怕牺牲，而应随时准备牺牲去争取抗战的胜利；但这绝不是要自己消耗于敌人的面前，而应讲求怎样去消耗敌人。

### 3. 战略上以少胜多，战役上以多胜少

彭德怀认为，中国陆军在数量上比日本要多好几倍，但在质的方面却远不如人，特别在技术方面差得远。所以在战略方面，我们

是以弱抗强；然而，在战役或战术方面，我们必须求得以强攻弱，即使在战役上自己的力量小于敌人，也要求得从战术上来解决以多胜少的问题。

彭德怀对战术上的以多胜少进行了深入浅出的阐述。怎样才能实现以强攻弱的战术原则呢？这个问题很简单。假设敌我都是400人作战，这是相等的兵力，我们应该采取进攻的战术，以小部向敌人积极进攻，吸引敌人主力应战，我以少数兵力钳制敌人的主力，以自己的主力采取迅速、坚决、勇猛的手段从敌侧后突击，首先消灭敌一部。假设首先消灭了敌之100人，敌已由均势而变为劣势，则我集400人再以同样手段，最后解决敌人。如此，虽是相等兵力作战，我仍维持战术上的优势。敌人的长处，主要是技术的优良，我亦避其长而攻其短，如深入到敌人后方或远后方，以出其不意的方式突然施以猛击，一开始就求得白刃战，是避开敌人技术优势的最好办法。

### 4. 持久的消耗战

彭德怀提出决不能打机械的消耗战，不是同强大的对手去拼消耗，而是通过各种战术去消耗敌人的战争潜力。为此，他提出：中国抗战的胜利，是在持久的消耗战中来解决的。至于为什么要持久，因为只有持久才能生长力量，才能最后战胜日寇。消耗战的主要目的，在于消耗敌人的物力、人力，引起战局的变化，改变敌我的形势。欲达到长期地消耗敌人的力量，唯一的就是发动群众的游击战争，在敌人后方建立小块的根据地，分散敌人力量。此外，就是战役战术的灵活运用，以己之长，攻敌之短，以战术胜利的发展，来求得战役胜利的展开，绝不是同敌人对拼消耗。[①]

### 5. 争取主动

彭德怀认为，主动与被动的问题，战略家与战术家都很清楚，

---

① 《彭德怀军事文选》，中央文献出版社1988年版，第40—41页。

但实际行动起来，往往一筹莫展。谁都知道，陷于被动，虽握优势之兵力，卒不能克劣势之敌人。如能经常保持主动，虽劣势之兵力，亦能战胜强敌。这样的例子，在古今中外的战史中不胜枚举。彭德怀提出要争取抗战的主动，就要发动群众游击战争，来分散敌人力量，削弱和疲惫敌人，这是在战略上争取主动，造成战役上各个击破敌人，取得胜利的必要条件。指挥作战的方针，在使用兵力上，主力应用在主要战区和有利于反攻的方面。在战役战术上，主力应用于突击方面，而不应以多数或半数兵力作用于防御与钳制方面。在防御时，主力应备有预备队，待机出击。在进攻时，主力应用在突击方面，不必多留预备队，以求一举而歼灭敌人，以大步前进的战术原则，深入敌人后方，攻敌要害，调动敌人，在敌后方左冲右突，破坏敌人作战计划，争取主动。总之，在技术弱于敌的军队方面，奇袭、伏击、夜袭胜过正规对战，包围迂回胜过中央突破，在敌人后方侧翼活动胜过正面抵抗。

### 6. 节约防御的兵力

对如何节约兵力用于防御，彭德怀提出：我国原无坚固要塞，多半是野战筑城。我们一般的防御，在于保持战略战役上的重点、经济政治中心和交通枢纽。在防御的配备上，应该是纵深的、据点式的、不整齐的、极隐蔽的和独立自主的。配备机关枪与炮火，取分散隐蔽、火力集中为原则。工事的本身，应避免线式的。因为线式的工事，目标大，火力不易交叉，防御多不易巩固。工事的构筑应采用圆周形或马蹄形，以班排为单位，火力能互相交叉、互相支援。各个工事本身要能独立，纵深要大，正面求小。这样配备，既可节约兵力，减少牺牲，又不易被敌人突破。且因我正面窄小，易引起致人向我侧翼包围，容易暴露敌人侧翼。又因我工事是圆周形，敌即包抄到侧背，亦能与正面一样，发挥防御作用，我守兵并不必因之而恐慌。

控制强大的突击队（预备队）于自己纵深侧翼之适当地点，待敌向我包围、暴露其侧翼时，即以迅雷不及掩耳之势，给以猛烈的突击；工事纵深内控制的预备队，采取适时的配合，施行反突击。
这样，常常可以收到很好的效果。也只有这样的防御，才能完成防
御本身的任务。

### 7. 统一指挥与机动灵活

统一指挥是战胜日寇的重要条件之一。整个的战略方针和战役
计划，须在统帅及战区高级指挥官总的意图下进行。但统一指挥，
并不应该限制兵团指挥员之机动。相反的，应该发挥兵团指挥员及
各级指挥员之机动性。因为前线上的指挥员，常能看破敌人的弱点，
了解有利的时机。如果束缚在请命、待命范围内，常易失掉最好的
机会。彭德怀指出，好的指挥员要能够抓住战机，打开战局，常能
使自己的战斗任务主动地完成。如果是拘守待命、毫无机动的指挥
员，不仅不能打开战局，造成胜利的条件，他自己也时常陷于被动。

## 三　解放大西北，以"新式整军"
## 提高部队素质

抗战胜利以后，国民党一方面和共产党举行和平谈判，一方面
积极准备进攻解放区。1945 年 8 月 23 日，"七大"后的中共中央军
事委员会组成，毛泽东任主席，朱德、刘少奇、周恩来、彭德怀任
副主席，彭德怀同时兼任军委总参谋长，协助毛、朱、刘、周筹划
军机，决策大计。

1946 年 6 月，国民党撕毁停战协定，向解放区发动全面进攻。
经过 8 个月的战争，损兵 71 万，被迫改为向陕甘宁边区和山东解放
区实行重点进攻。1947 年 3 月，胡宗南集团的董钊和刘戡两个整编
军，共 14 万余兵力直扑延安。中央军委命令，以晋绥军区第一纵
队、第二纵队和陕甘宁的教导旅、新四旅组成西北野战军，由彭德
怀任野战军司令员兼政委率部迎敌。毛泽东、周恩来等撤离延安一
个半月，西北野战军三战三捷，粉碎了国民党摧毁中共中央首脑机

关，消灭西北共产党军队主力的企图。

1947 年 5—7 月，彭德怀率西北野战军出击陇东，北上收复了三边。8 月初率军北上，攻打榆林城。8 月 20 日，彭德怀指挥沙家店战斗，歼灭了胡宗南的三大主力之一的钟松师，扭转了西北战局。10 月上中旬，彭德怀发起和指挥了延（延长、延川）清（涧）战役，歼敌 8000 余人，活捉了整编七十六师师长廖昂和二十四旅旅长张新等。

彭德怀领导的西北野战军撤出延安以后，经过 9 个月作战，取得了不少战果，部队得到了扩大和锻炼。但也出现了一些新问题，主要是新成分不断增加，特别是补充了大批解放战士（俘虏兵），其比例有的连队高达 80%，平均则在 70% 左右。加上在严酷的战争环境中，战斗频繁，政治思想教育跟不上，党的工作较为薄弱，不少战士阶级界限模糊，不知为谁当兵，为谁打仗，存在"吃谁家的粮就当谁家的兵"的雇佣思想。在部队的物资供应极端困难的情况下，少数人怕艰苦，违反纪律的现象不断发生。[①] 这些现象严重影响部队战斗力的发挥。1947 年 11 月 27 日，彭德怀和张宗逊向中共中央军委报告提出：部队需要有一时期的训练，需要普遍深入开展诉苦运动与土改教育，以提高阶级觉悟，增强团结，提高部队素质，增强部队的战斗力。报告很快得到中共中央军委的批准。

1947 年 11 月至 1948 年 2 月间，彭德怀利用冬季战斗间隙，在清涧、绥德、米脂、靖边地区（第二纵队在山西曲沃）对部队进行冬季整训。在整训中放手发动群众，发扬解放军政治、军事、经济三大民主，同中国共产党正在进行的整党运动、土改运动相结合，开展以"诉苦"和"三查"（查阶级、查思想、查斗志）为主要内容的新式整军运动，为提高部队素质，增强部队的战斗力，提供了十分有益的经验。

西北野战军的整训从土改教育入手，首先发动士兵诉苦，开展诉苦运动，提高阶级觉悟。解放军大多数指战员均为贫苦农民出身，

① 《彭德怀军事文选》，中央文献出版社 1988 年版，第 230 页。

亲身遭受过各种苦难。他们都有一本血泪账，广大指战员通过诉苦这个深刻的阶级教育，把个人仇恨变为阶级仇恨，发自内心地喊出了"穷人要翻身，消灭国民党军"。彭德怀认为：诉苦运动大体达到了"划清阶级与敌我界限"，坚定了"为土地而战"的斗志与意志。他对三五八旅政委余秋里说："翻身农民参军的子弟兵，受地主老财的剥削压迫，只受一重苦；俘虏过来的解放战士，绝大多数是贫雇农，他们在家受地主剥削，在国民党军队里又受压榨打骂，受的是双重苦，是我们的阶级弟兄。"① 在诉苦提高认识的基础上，进行"查阶级、查思想、查斗志"，然后转入第二阶段，即开展群众性的练兵运动。通过练兵，将个人勇敢与战术、技术密切结合起来，进一步提高了指战员的战术、技术水平和干部的指挥能力。

关于这次整训运动，彭德怀在整军报告中总结道：经过诉苦和三查，"部队中的气象焕然一新"，党在部队中的威信大大提高了。过去解放兵、子弟兵间的隔阂和不团结的现象，被阶级友爱代替了。它提高了指战员的阶级觉悟和战斗意志，增强了部队团结，加强了群众纪律，更加密切了军民关系。同时，发扬了民主作风，部队中的管理教育方式，亦有很大改善，达到了"纯洁思想、纯洁组织，加强工作效率，提高战斗力"的目的。诉苦、三查从表面上看，只是一种转变部队部分干部战士思想、作风方面问题的运动，但是它提供了一种模式，即转化、改造敌方士兵的模式。从这个方面来说，诉苦、三查是把部队锻造成为一支真正意义上为人民服务的军队的重要方式，促进了人民军队的成长。

对此，毛泽东高兴地说：我们从中央苏区起，就想找到一个教育俘虏兵的好形式，这次诉苦、三查的办法把这个问题解决了。毛泽东把它称为新式整军运动。周恩来则赞扬诉苦、三查做得很好，是"壮大军队"的法宝，"创造了政治工作的新方式"。② 经过毛泽东的倡导，全军都开展起来了。

---

① 《彭德怀传》，当代中国出版社1993年版，第340—341页。

② 周恩来：《在西北高干扩大会上关于全国战争形势的报告》，1948年1月11日。

1948 年 2 月底，彭德怀率部发起宜川战役，3 月初转入总攻，全歼敌整编二十九军，军长刘戡与整编九十师师长严明被击毙，俘房旅长张汉初，取得宜瓦战役的胜利。毛泽东指出："这次胜利，证明人民解放军用诉苦和三查方法进行了新式整军运动，将使自己无敌于天下。"① 随后，彭德怀率部乘胜解放了宜君、黄陵、白水，4 月 22 日，收复延安，4 月 25 日，攻克宝鸡，守敌整编七十六师再次被歼，师长徐保被击毙。1948 年 8—11 月，西北野战军发动了三次攻势，同国民党军队反复争夺渭河以北地区，歼敌近 6 万人。

1949 年 2 月，西北野战军改为中国人民解放军第一野战军，彭德怀任司令员兼政委。2 月中旬，彭德怀赴西柏坡，参加党的七届二中全会。会后，奉命到太原协助带病在前线的徐向前指挥太原战役，4 月底，太原解放。5 月底，彭德怀返回一野司令部，指挥陕中战役，解放了西安与陕中广大地区。7 月初，彭德怀发起扶眉战役，7 月中旬，一野再度攻占宝鸡，胡宗南集团遭到毁灭性打击，残部退据秦岭。8 月底，彭德怀指挥兰州战役，歼敌马步芳主力 2.7 万人，解放兰州城。兰州解放后，解放大西北的大局已定。

从 1947 年 3 月胡宗南占领延安，到 1949 年 12 月大西北解放，为时仅两年九个月。当时，彭德怀为西北野战军司令员，指挥前方军事；贺龙为陕甘宁晋绥联防司令员，领导后方工作和地方武装。这两位名将紧密配合，率领西北军民，写下了西北战场的胜利史篇。

## 四 推动建立健全高效的
## 中央军委领导体制

1949 年 10 月，彭德怀被任命为中国人民革命军事委员会副主席。

---

① 《毛泽东选集》第 4 卷，人民出版社 1991 年版，第 1291 页。

1950 年 10 月，彭德怀任中国人民志愿军司令员兼政治委员，挥师抗美援朝，经五大战役，将美军赶至"三八线"以南，迫使其停战谈判。1953 年 7 月，朝鲜停战协议签订。彭德怀率领中国人民志愿军不负祖国人民重托，取得了抗美援朝、保家卫国的伟大胜利。

朝鲜战事告一段落后，彭德怀 1952 年 4 月回国，主持中共中央军委日常工作。从 1954 年 9 月起任国务院副总理兼国防部部长和国防委员会副主席；在中共中央、中央军委的领导下，他以极大的魄力，领导实行军队组织机构和重大制度的改革。

其时，军委机关在周恩来的主持下，经过 3 年多的建设，已经成为一个具有全面职能的国家军事统帅部，全军的指挥、管理、训练、供应都已集中到了最高统帅部。为了在原有的基础上进一步健全军委机关，使之更好地发挥全军的首脑作用，彭德怀就职后针对当时情况陆续采取了下述措施：

## 1. 建立例会制度

为"便于及时解决问题、便于互通声气、便于互相统一协调"。1952 年 10 月 15 日军委举行会议。到会的有朱德、聂荣臻、粟裕、黄克诚、张宗逊、萧华、赖传珠、徐立清、杨立三、萧克、萧向荣。彭德怀在会上提议把原来不定期的办公会议改为军委例会。每周召开一次，会议内容主要是传达党中央、毛主席的指示和重大方针政策，研究贯彻执行的措施；讨论军队工作中某些方针政策和亟待处理的重大问题，以及各总部需要解决的全军性问题；听取各种重要情况的汇报。与会者一致赞成彭德怀的建议。此次会议，即为第一次军委例会。随后，各总部也仿效军委，建立或健全了各部例会办公制度。

## 2. 健全军委机构

1952 年 8 月 4 日，毛泽东批示赞同刘少奇的建议：国家进入建设时期，由于工作繁重，需要调各中央局书记来加强中央领导，同时增设某些中央机构。彭德怀根据毛泽东批示精神，考虑国防建设和业务上的急需，在人员和机构上也采取了相应的措施。从 1952 年 9 月起，军委先后从各大军区调进一些高级干部，加强机关领导力量。1953 年 3 月，彭德怀在军委例会上说："工作忙乱的原因，是军委机关不健全，这是事实，由谁来加强呢？再从各大军区调人来，是没有希望了，现在是要用点时间，把军级、兵团级干部送军事学院学习一下，逐渐增加上来。大体上 5 年能解决就不算慢了。"①

彭德怀提出此时健全机构，主要是确定编制、明确职责的问题。他说："我们的编制还没有完全合理确定下来，军委各部门、各特种兵、各大军区的机构编制，还没有根据现在的情况搞出来，我们各机关部门，大部分是临时感到需要，就临时增加。因此有的事情还无人管，有的事情两个部门都管。"为解决军委和大军区两级机关的编制、职责，从 1953 年 3 月 25 日至 4 月 20 日，彭德怀请苏联顾问做了 8 次报告，每次他都去听课。此后，在苏联顾问的帮助下，制定出各级机关的编制和职责，上报中央。他说"三个臭皮匠，顶一个诸葛亮"，在某些问题上可以，但在军队编制上却不能以量代质。中国人多，要用在生产上，打仗还是要讲战术技术，避免枉死人。又说："编制、职责定下来，就使检查工作有了依据。"而后，根据苏联顾问的建议，从 1954 年起，军委和大军区实行了八总部体制，这是仿效苏联军队的体制，对军队正规化建设起了积极作用，但也出现了机构庞大、分工过细、效率不高等缺点。通过总结经验，从 1957 年起到 1958 年又恢复为三总部（总参谋部、总政治部、总后勤部）体制，并一直延续下来。

### 3. 建立检查工作制度

彭德怀对那些工作不负责任、不深入了解实际情况的官僚主义作风，深恶痛绝。他到军委后，在首次全军性的会议上，就提出各级领导人和领导机关要建立检查工作的制度，每年至少深入基层两次，及时了解情况，发现并解决问题；发现积极分子，推广好的经

---

① 军委第十八次例会记录，1952 年 10 月 15 日。

验，纠正缺点，提高部队战斗力；克服脱离群众、脱离实际的官僚主义。20 世纪 50 年代中央军委机关一直保持着较高的工作效率，令行禁止，雷厉风行，保证了军队正规化、现代化建设的顺利进行。直到 30 年以后，1982 年军委研究领导体制改革时，还有些领导干部怀念说，30 年来军委领导体制几经变动，还是彭德怀主持军委日常工作时期办事比较顺当，效率较高。①

中共中央军委领导体制的建立健全，理顺了指挥体制，有力推进了军队的现代化建设。

## 五　重点突出的军队现代化建设

新中国成立之初，各项开支浩繁，财政赤字现象严重。毛泽东提出今后的军政费用在国家财政支出中不得超过 30%，但同时提出：中国人民必须建设自己强大的国防，我们将不但要有一个强大的陆军，而且要有一个强大的空军和一个强大的海军。

为此，彭德怀主张，必须修改 1952 年制订的五年军事建设计划。该计划以朝鲜战争仍在继续为前提，技术军种、兵种的发展规模都很惊人。例如，空军要发展到 150 个飞行团，6229 架飞机，建153 个机场，这在当时是难以完成的任务。彭德怀在扩大的军委例会上指出：中央已经确定全国工作重点主要是集中到第一个经济建设五年计划上来。而这"一五"计划的重点，是要用一切办法挤出钱来建设重工业和国防工业。全国工作重点转换了，我们考虑问题的出发点也必须转换过来，原来拟订的军队建设 5 年计划，技术军种、兵种的发展计划，过于庞大；原来准备向国外购买的武器装备也过多，现在必须修改。全国的常备军员额过大，机关臃肿超编，非武装人员近 60 万人，必须加以精简，才能把有限的军费用到军队基本建设上来。

---

① 《彭德怀传》，当代中国出版社 1993 年版，第 496—498 页。

　　为使军队高级干部进一步达成共识，彭德怀在军委例会上请来时任国家计划委员会主席的高岗，向在京各大单位军政首长做了一次国家财经状况的报告。高岗坦言，1953 年的财政赤字达 25 万亿元之多，占当年国家财政预算总收入 195 万亿元的 12.8%。因此，必须下最大决心来对军队实行精简整编。

　　在讨论精简整编问题的过程中，有些人主张多减一些。认为只要看准形势，就应抓紧时机，尽量减少常备军，腾出人力、物力、财力增强国家应付战争的潜在力量。也有一些人认为，不应减得太多。因为我军不仅面临帝国主义的侵略，而且还要准备完成解放台湾、统一祖国的任务。

　　彭德怀认为：我军建设现在所处的国际国内环境，既不是相当稳定的和平环境，也不是战争即将爆发的临战状态。因此，对军事工作的安排，不能"马放南山，刀枪入库"；也不能像朝鲜战争爆发时那样，把一切工作集中于加强部队的现实战斗力，而不注意军队的基础建设。常备军的建设，只是国防力量建设的一部分。平时军队建设，必须注意有利于国防工业的加强，有利于国防潜力的积累。国家的经济发展水平，科学技术发展水平，是国家防御力量的物质基础。没有现代化工业，没有现代化交通、通信等设施，就不会有现代化国防，也不会有真正的现代化军队。①

　　从上述观点出发，彭德怀提出了军队的精简原则：国家武装部队的总数应保持一个适当的数量，太少会削弱国家现实的防御力量；过多则增加财政负担，影响经济建设。为了在裁减人员的同时，能够保持和提高部队的战斗力，他建议：多减机关，少减部队；多减步兵，少减特种兵；多减战士，少减干部，增建学校。步兵可减少几十万人，空军、防空军、装甲兵、炮兵、工程兵和铁道兵等都在现有基础上巩固提高，不增不减，海军可以略有增加。②

　　讨论这个建议时，大家对裁减步兵意见一致，但对技术军种、

① 《彭德怀传》，当代中国出版社 1993 年版，第 505 页。
② 同上。

兵种不增不减，不予扩大，表示难以理解。当时在军队中，存在一个普遍的意见，认为军队建设的现代化，主要是表现在技术军种、兵种的建设上。国际战争已经进入原子武器时代，技术军种、兵种的建设更加迫切。特别是当时在各军种、兵种工作的苏联顾问，都有扩大本军种、兵种的想法。

对于有人提出把有限的装备费用集中使用，首先把某一个军种加快建设起来的观点。彭德怀认为：军队建设应有重点，现在实行的就是以空军和陆军的炮兵、装甲兵为重点。

彭德怀最后指出，全军必须精简，各特种兵则要在现有基础上巩固提高，减少国外订货，选择重点建设，坚决执行毛泽东主席关于全部国家军政机构费用不超过国家总支出30％的指示。他要求特种兵：要尽量利用现有的进口武器，尽可能多的培养训练技术人才。空军飞行员的训练时间要从2年延长到3年半，使每架飞机有2—3名驾驶员，力求每个驾驶员的技术水平达到全天候飞行的标准。海军、装甲兵、炮兵等部队也要仿照空军的技术标准，提出自己的培养训练计划，以便在战争到来之前、本国现代化武器大批生产出来之前，打下技术基础，做好人才准备。①

随后，彭德怀向毛泽东书面报告，建议将常备军总数定为350万人，两年内实现；技术军兵种五年内不再扩大，只在现有基础上巩固提高，多培训技术人才。同时还提出军委和大军区的两级编制，并准备实行义务兵役制、军衔制、薪金制和军事训练制等。②

在当时的环境与条件下，彭德怀选择这种保持骨干力量，充实技术兵种，努力实现武器装备自主以及加强军队正规化建设的思想，是适合当时我国军队现代化建设实际的。

---

① 《彭德怀传》，当代中国出版社1993年版，第507页。
② 同上书，第502—508页。

## 六　参与制订积极防御的国防战略方针

国防战略方针至关重要。1956 年 3 月，彭德怀在军委扩大会议上作《关于保卫祖国的战略方针和国防建设问题》的报告。他把 50 年代前期毛泽东和军委关于战略指导思想的指示和决定，综合起来作了全面阐发。后经中共中央批准下发，用以统一指导全军的战备和军事工作。报告的核心内容是：确定"积极防御"的战略方针。

对于积极防御的战略方针，他在报告里概括："积极防御的战略方针，应该是（在战前）不断地加强我国的军事力量，继续扩大我国的国际统一战线活动，从军事上和政治上来制止或推迟战争的爆发。当帝国主义不顾一切后果向我国发动侵略战争的时候，我军要能够立即给予有力的还击，并在预定设防地区阻止敌人的进攻，……把战线稳定下来，打破敌人速战速决的计划，迫使敌人同我军进行持久作战，以便逐渐剥夺敌人在战略上的主动权，使我军逐渐转入战略的主动，也就是由战略的防御转入战略的进攻。这就是我军积极防御战略方针的基本内容。"①

关于确定"积极防御"战略方针的根据。彭德怀说，从我们国家的社会主义性质出发，从我国所处的国际环境出发，以及从军事必须服从政治的原则出发，我军应当采取的战略首先必须是防御的，而不是进攻的。但我们所采取的战略防御，必须是积极防御，而不是消极防御或单纯防御。

彭德怀对战争初期状态的战略设想，在当时是以敌军的大规模进攻来自海上为背景的。他规定我军的战略目标，也是从敌我装备技术等实际情况出发的。他说，在战争初期企图完全把敌人歼灭于海上和滩头，根本不让敌军侵入我国领土，这种想法固然很好，但根据敌我军事力量对比情况，不但做起来有很大困难，而且也是很

---

① 《彭德怀传》，当代中国出版社 1993 年版，第 537 页。

危险的。而把敌人消灭在陆地上，我军是完全能够做到的。

为了实现上述战略设想，他还提出了我军应采取的主要作战形式。他认为：在战争初期我军"既不单是运动战，也不单是阵地战，而应当是阵地战结合运动战，也就是以阵地的防御战和运动的进攻战相结合"。

彭德怀报告的第二部分是国防建设问题。彭德怀提出，为了使我军积极防御的战略方针得到切实的贯彻，我们就必须积极进行各项准备工作。对这些准备工作，他讲了三个方面的内容。

第一，军队建设和国防设施。其中国家常备军总数为350万人。各军种、兵种都要有各自发展的重点。陆军必须逐步增加机械化的比重，争取到1967年我军的装备接近世界上技术先进国家的水平。关于国防设施，由于规模庞大，他要求在"全面筹划、重点建设、逐步进行"的原则下，结合经济建设，于1962年底完成沿海和纵深的国防筑城防御体系。

第二，战争动员准备工作。他要求根据战时需要，对于后备军官、士兵、技术专业人才等，做出登记、训练和储备计划，对于武器装备要保证战争初期6个月所需的储备，争取在1957年制订出第一个完整的全国战时动员计划。

第三，建立军事科学研究工作。彭德怀认为，几年来已经起步的军事科学研究，应当提高到全面有计划开展的新阶段。

报告从军事学术到军事技术，从武器装备到军用器材，从常规到尖端，从科研机构到知识分子政策，都有系统的方针和要求，是我军第一个军事科学发展纲领。①

彭德怀于1955年下半年把国防建设的战略方针问题，摆在军事工作的重要位置，主要是出于以下几个方面的考虑：

首先，鉴于当时的国际形势，为应付可能的"突然事变"。1955年3月，毛泽东在全国党代表会议上说："我们必须准备应付可能的突然事变。今后帝国主义如果发动战争，很可能像第二次世界大战

① 《彭德怀传》，当代中国出版社1993年版，第538页。

那样，进行突然袭击。"4月下旬，毛泽东主持中共中央书记处会议，听取了彭德怀关于反侵略战争准备和作战计划的汇报。彭德怀在《报告》中说："为了有效的防御帝国主义对我国的突然袭击，为了切实执行宪法赋予我军的光荣任务：'保卫人民革命和国家建设成果，保卫国家的主权、领土完整和安全'，在我们武装力量统帅部机关面前，就首先提出必须解决战略方针的问题。"①

其次，是考虑到苏军奉行的先发制人战略方针，中国不能照搬。1955年5月，彭德怀以观察员身份出席华沙条约国会议。出国前，毛泽东在4月底举行的中央书记处会议上重申中国的战略方针是积极防御。指示彭德怀此行到莫斯科，就共同反侵略战争问题同苏联交换意见。5月21日，彭德怀从华沙到莫斯科，在同苏共总书记赫鲁晓夫和国防部长朱可夫会谈中，弄清了苏联已由"加强积极防御，防止敌人侵略"的战略方针，转换为火箭核战略，强调核武器的首次突击作用，认为现代战争在几分钟内就决定胜负。

彭德怀则阐述了中国坚持积极防御、后发制人的方针。会谈以各自保留意见宣告结束。就在这次访问苏联和波兰的过程中，彭德怀深感苏、波两国在第二次世界大战前期，因缺乏战略防御的具体准备而遭受严重损失，应当引以为戒。因此他在《报告》中，突出阐述了我军在战争初期必须采取积极防御的战略方针，并要求一切战备工作、军队训练和组织编制，必须以积极防御为依据。

再次，到1955年底，军队内部建设各方面工作已经基本走上正常轨道，同时，全国第二个五年计划和远景规划已提到议事日程，军事工作也需要长远规划。彭德怀指出："战略方针很重要，关系整个战争的胜负。但战略方针本身，只是个抽象的东西，如果没有各种具体措施，仍然不能使战争达到胜利。"而积极防御的战略方针，虽然在军事统帅机关中是明确的，但军队和地方的许多高级干部还不了解，还需要一个系统阐述的正式文件统一思想，才有利于开展战备工作。

---

① 《彭德怀传》，当代中国出版社1993年版，第535页。

　　彭德怀是人民军队的主要领导者之一，为人民军队的发展壮大建立了不可磨灭的功勋。红军时期在反"围剿"战争中功勋卓著。长征途中他斩关夺隘。抗战时期，他长期在敌后领导抗日战争，提出了一系列游击战的战略战术，丰富了毛泽东的游击战争思想。解放战争时期，他率西北野战军以少胜多，创造了一系列著名战例。朝鲜战场上，彭德怀在与世界上装备最先进的美军进行对抗时，摸索出在劣势装备条件下战胜拥有先进武器的敌人的新经验，极大地提高了中国的国际地位。进入中央军委总部以后，他为理顺和调整军委领导体制，制定和执行积极防御的国防战略，推动军队的正规化、现代化建设，做出了重大贡献。

# 贺龙　人民军队的重要创始人

　　贺龙（1896—1969），无产阶级军事家，人民军队卓越的领导人，南昌起义总指挥、中国人民解放军的创始人和重要领导者之一。贺龙戎马一生，历经艰险，身经百战，在长期的军事指挥和战争实践中，积累了丰富的军事经验和军事思想，为人民军队的创建、发展、壮大和人民战争的胜利，建立了不朽功勋。在社会主义革命和建设时期，为人民军队和国防现代化建设做出了重大贡献。

　　贺龙，1926年参加北伐战争，任国民革命军第八军第六师师长兼湘西镇守使，国民革命军第九军一师师长，第二十军军长。1927年8月参加领导南昌起义，任起义军总指挥，同年加入中国共产党。土地革命战争时期，任中国工农红军第四军军长，中共湘鄂西前敌委员会书记，红二军团总指挥兼红二军军长，红三军军长，红二、六军团总指挥兼湘鄂川黔省革命委员会主席和湘鄂川黔军区司令员，红二方面军总指挥。抗日战争时期，任八路军一二〇师师长、一二〇师军政委员会书记。1939年任冀中军政委员会书记、冀中区总指挥部总指挥。1940年任晋西北军政委员会书记、晋西北军政民联合委员会主任委员。1942年任陕甘宁晋绥联防军司令员。抗战胜利后，任晋绥军区兼晋绥野战军司令员、第一野战军副司令员、中共中央西北局第二书记、西北军区司令员、西安市军事管制委员会主任。

　　新中国成立后，任西南军区司令员、中共中央西南局第三书记、西南军政委员会副主任。1952年任国家体委主任。1954年任中央人民政府革命军事委员会副主席、国务院副总理兼国家体委主任、国防委员会副主席。1955年9月被授予中华人民共和国元帅军衔。1956年当选为第八届中共中央政治局委员。1959年任中共中央军委副主席、中央军委国防工业委员会主任。

# 一　加入革命洪流，领导"南昌起义"

　　贺龙，原名贺文常，字云卿，乳名常伢，1896 年 3 月出生于湖南桑植县洪家关的一个农民家庭。因家境贫寒，仅念五年私塾便辍学务家。1909 年，贺龙随亲友外出赶马帮，往来于湘、鄂、川（渝）、黔边界地区，因性格豪放、正直仗义、武艺高强，成为马帮中受人敬重的小骡子客。1913 年在湖北恩施结识当地哥老会首领唐伯义后，加入哥老会。1914 年秋，经中华革命党人陈图南介绍参加孙中山领导的中华革命党，从事反袁斗争。1916 年 1 月，以智取泥沙镇团防局夺枪 80 支和持菜刀夜袭芭茅溪盐局税卡，震动湘西，拉起了 300 多人的队伍，取名为"湘西讨袁独立军"。不久，被委任为湘西护国军左翼第一梯团第二营营长，正式编入护国军序列，在讨袁护国和护法战争中屡建战功。

　　1918 年春，贺龙被委任为湘西护法军第五团第一营营长，率部驻防桃源。同年 9 月移防驻守桑植后，贺龙开始着手对其所领导的队伍进行整顿。当时，曾参加武昌起义的前湖北荆宜施鹤总司令唐栖之路过桑植，贺龙邀请他检阅部队，请教建军良策。贺龙采纳了唐"注重军训"的建议，并在陈图南的协助下，开办了军事讲习所，招收青年和选拔官兵 120 余名，以 3 个月为一期，学习孙中山的演说及政治、军事、文化，每天三操两课。贺龙亲自兼任讲习所主任，请军校毕业生周敬新主持教务，聘桑植籍留学生和在长沙、常德等地读书回乡的谷纯如、陈少南、钟慎吾、贺连元等为教官。贺龙广集人才，培养骨干，注重训练，使他和部队的官兵都有了长足的进步，[①] 为旧军队改造转型打下了基础。

　　1921 年 9 月，贺龙任湘西巡防军第二支队司令，率部进驻桃源。在驻防桃源期间，贺龙结交了彭施涤、田佐汉、陈伯陶、花汉儒等

---

　　① 总参谋部编写小组：《贺龙传》，当代中国出版社 1995 年版，第 25—26 页。

众多知识界知名人士，开始接触到国内外新思想、新观念，思想上大受启发。

1922 年春，贺龙率部随石青阳入川后，被委任为川东边防军警卫旅旅长，担负长江防务。1922 年秋移驻彭水后，贺龙整饬军纪，深得民心，当地青年纷纷入伍，零星土著武装也自动来归，所部人员扩大，还增编了 1 个骑兵团。1923 年 6 月，贺龙被委任为熊克武部第三军第一混成旅（亦称川军第九混成旅）旅长。

1924 年夏，贺龙率部驻防贵州省铜仁县后，铜仁籍黄埔学生周逸群和一些桑植籍的黄埔学生，给贺龙寄来了许多进步书刊和关于广东时局、黄埔军校、国共合作等情况的信件，使贺龙对中国共产党及其主张有了一定了解。

1924 年 11 月，贺龙率部入湘击败唐荣阳部抵达津市，攻占澧州，沿途各地方武装和倒戈投降部队纷纷归服，所部由原来 3 个团扩编至 10 个团，人枪逾万。由于部队人员错综复杂，素质差别很大，违纪扰民之事时有发生。为此，贺龙决定在司令部设立新兵训练处，以能征善战的王育英团长为处长，命令兵士务须逐日出操两次，学科亦须上讲堂两次。又决定开办军官讲习所，挑选 300 名有文化的军官入学，每期 3 个月。1925 年 1 月，讲习所改为军官教导团，在澧州隆重开学。贺龙在开学典礼上说："我们现在正处在列强竞争、内政不修的时候，要想巩固国防、刷新政治，必须以军政为前提，训练一支具有军事素质的军队。""希望全体官佐肩负重任，挺起精神，精研深造，检验揣摩，自始至终，努力前进！"①

1925 年 2 月，贺龙被委任为建国川军第一师师长，授中将军衔。贺龙就任后，随即组建师部，着手整编部队，对品德极差的军官予以撤换，以军官教导团培训出来的军官补缺；对被缴械军队中较好的军官予以量才任用，或送军官教导团深造；对族人亲属中早年追随征战的人也一视同仁，决不特殊照顾。经过整编，部队素质和战斗力有了很大提高。全师辖 2 个步兵旅，骑兵、炮兵各 1 个团，机

---

① 长沙《大公报》1925 年 1 月 19 日。

枪、工兵各 1 个营，手枪队和补充团各 1 个，有长枪 9440 支、机枪 78 挺、短枪 840 支、各种炮 56 门、战马 500 多匹，官兵 1 万余人。同年 4 月，贺龙就任澧州镇守使。这支武装力量在日后的北伐战争和南昌起义中发挥了重要作用。

1926 年 1 月，贺龙率部进驻铜仁，得到当地民众的热情帮助，大批苗族、土家族、侗族青年应征入伍，还收编了原滇黔联军欧百川团、胡泽芝团和一部分铜仁地方武装共 4000 余人，编为 6 个独立团，并招收 200 多名知识青年，以原军官教导团为基础，开办了随营军官学校，为部队增加了新的血液。

1926 年春，贺龙率师返湘参加北伐战争，所部于 7 月 16 日奉广州国民政府命令改编为国民革命军第八军第六师。唐生智委任贺龙为师长兼湘西镇守使。① 贺龙率部进驻沅陵，湘黔边境各路民军武装竞相奔往沅陵参加北伐军，队伍猛增到 20 个团。贺龙在沅陵积极筹划北伐，沅陵近百名知识青年参加了贺龙的部队。

同年 8 月，贺龙率部收复津市、澧州，并在常德就任国民革命军第九军第一师师长。此时，国民革命军总政治部派出以共产党员周逸群为队长、由共产党员为骨干的宣传队来到贺龙所部第一师。周逸群及宣传队的到来，使贺龙开始真正懂得政治思想工作是整训建设军队和取得革命胜利的有力保证。

在周逸群的帮助下，贺龙决定开办政治讲习所，培养革命军官，由周逸群担任所长，并请求把大部分宣传队员留在第一师。贺龙还请中共湘区省委派人来帮助办讲习所。在中共湘区省委的支持下，由中共湘区执委委员、国民党湖南省党部执行委员陈昌带领的一大批共产党员和黄埔、保定军校毕业的军政人才来到了第一师。讲习所开设《孙中山主义大纲》、《社会主义大纲》、《世界革命史》等政治课程。贺龙经常利用工作空隙和学员们一起听课，其政治觉悟亦获得提高。政治讲习所一直办到南昌起义才结束，先后培养了 2000 多名部队基层骨干。

---

① 长沙《大公报》1926 年 7 月 16 日。

10 月，贺龙任命周逸群为第一师政治部主任，开始建立部队政治机关，各旅、团、营、连配备政治工作人员，连队建立士兵委员会，同时在营以下各级官兵中秘密发展党员，建立支部。所部骁将"豹子营"营长罗忠义及罗统一、王炳南、贺桂如等先后加入中国共产党。经过改造，这支军队在北伐战争中成为纪律严明、训练有素、英勇善战的"钢军"。同月，贺龙率部进入湖北，所向披靡、战绩卓著，所部扩编至 5 个旅 15 个团，共 2 万余人，成为北伐军中一支重要的武装力量。

1927 年 2 月，贺龙因战功卓著，升任为国民革命军总司令部直属独立第 15 师师长，所部被调往武汉拱卫国民革命中心。在武汉，贺龙与共产党组织联系密切，并支持周逸群在其队伍中发展了一大批党员，独立第十五师已成为共产党所倚重的一支武装。

四一二政变后，形式日趋复杂。1927 年 6 月 15 日，武汉国民政府将独立第十五师扩编为国民革命军暂编第二十军，贺龙任军长，周逸群为政治部主任。"宁汉合流"后，面对严峻的形势，贺龙毅然拒绝蒋介石、汪精卫封官许愿的拉拢，决定跟共产党走。

在革命万分危急的紧要关头，中国共产党决定在江西南昌举行起义，以武装反对反革命的进攻。中共中央决定由周恩来、李立三、恽代英、彭湃组成中共前敌委员会，周恩来任书记。1927 年 7 月 27 日，贺龙率第二十军全部集中南昌。南昌起义前敌委员会书记周恩来亲自到贺龙军部商量起义事宜，并代表前委任命贺龙为起义军总指挥，由叶挺任前敌总指挥，刘伯承任参谋团团长。决定由贺龙和刘伯承一起具体制订一个作战计划，将起义军总指挥部和参谋团设在贺龙的军部。

8 月 1 日，周恩来、贺龙、叶挺、朱德、刘伯承等领导 2 万余人的革命武装，举行起义，打响了武装反对国民党反动派的第一枪，揭开了中国共产党独立领导武装斗争的历史。经过 4 小时激战，将敌军 3000 余人全部歼灭。

8 月 2 日，革命委员会任命贺龙兼代第二方面军总指挥，叶挺兼代前敌总指挥。方面军所属第九军、第十一军、第二十军，贺龙兼任第二十军军长、廖乾吾任党代表。全部起义军 2 万余人。其中，贺龙指挥的第二十军兵力接近整个起义军的一半。

南昌起义后，前委决定退出南昌，由江西进入广东，与东江地区农民运动结合起来夺取广东。8 月 3 日，起义军开始撤离，5 日，贺龙率总指挥部离开南昌。8 月末或 9 月初的一天，在瑞金的一座学校里，由周逸群、谭平山介绍，贺龙加入了中国共产党，周恩来在入党宣誓仪式上讲了话。贺龙入党后，编入了中央特别小组，同组中有周恩来、张国焘、廖乾吾、刘伯承、周逸群等。①

起义部队南下失败后，贺龙离开部队经香港转赴上海。

## 二　创建红军与革命根据地

1928 年 1 月，中共中央同意贺龙回湘西搞武装斗争的要求。贺龙经武汉回到湘西后，将其旧部贺锦斋部与当地中共游击武装合编组建了一支武装，在石首、华容、监利等县发动武装暴动，开展游击战争。

2 月，贺龙回到家乡湘西桑植县洪家关后，立即召集他的亲属和老部下，说服他们参加革命，组建了工农革命军，成立了以李良耀为书记的中共桑植县委，在不到 1 个月的时间里，队伍发展到 3000 多人，开始建立革命政权的工作。7 月，中共湘西特委代表陈协平来到桑植，带来了中共湖南省委指示，决定在部队中成立中共湘西前敌委员会，统一领导工农革命军及红军所在地区地方党的工作；前委由贺龙、陈协平、李良耀、贺锦斋、张一鸣等组成，贺龙为书记。

8 月 1 日，贺龙领导的工农革命军定名为工农革命军第四军

---

① 关于贺龙的入党时间，有几种说法：刘伯承在《南昌暴动始末记》一文中说："贺龙于攻克会昌后在瑞金加入本党"；《周恩来年谱》记载为 9 月初；贺龙自传及贺龙 1938 年 11 月填写的党员登记表中写的是"攻克瑞金后入党"。起义军 8 月 27 日攻克瑞金，8 月 30 日占领会昌，9 月 2 日先头部队离开会昌向长汀出发，据此，贺龙入党应在 8 月 28 日至 9 月 2 日之间。

（通称"红四军"），贺龙任军长、黄鳌任参谋长。在短短几个月里，中共湘鄂两省党组织陆续向红四军派来了一些领导骨干。

鉴于红四军初创时期，人员成分复杂，思想混乱，革命意识模糊，为了将其改造成为中国共产党领导的新型人民军队，贺龙与前委决定对红四军进行思想整顿。贺龙决定："（1）原有的部队必须渐进的予以彻底改造，加紧下级干部和士兵训练工作，同时吸收进步的士兵为党的中坚分子；（2）扩大土地革命和苏维埃政权的宣传，发动广大的农民起来斗争。"① 经过整顿，红四军成为一支信念坚定、听党指挥的坚强革命队伍，实现了从旧军队到新型革命军队的重大转折。从此，贺龙领导的这支革命队伍转战湘鄂川黔，先后开辟了湘鄂边、湘鄂西、洪湖等革命根据地，在武装斗争、根据地建设中，历经艰难曲折，成长为中国工农红军三大主力之一。

1930 年 7 月，根据中共中央指示，红四军与红六军合编为红二军团，贺龙任总指挥，周逸群为总政治委员，共 10000 余人，枪 5000 余支。1931 年 4 月，按照中共中央指示，红二军团缩编为红三军，贺龙任军长，邓中夏任政委。1934 年 10 月 24 日，红三军与红六军团主力在贵州印江县木黄会师后，红三军奉中央革命军事委员会电令，恢复红二军团番号，贺龙任军团长，任弼时任政治委员，关向应任副政治委员。

1934 年 10 月 28 日，为了策应红一方面军主力长征，任弼时、贺龙率红二、六军团发起湘西攻势，牵动了一大批追堵中央红军的敌军，减轻了在湘江之战中受到很大损失的中央红军的压力。

遵义会议后，1935 年 1 月底至 2 月初，蒋介石组织了 6 个纵队共 80 多个团 10 余万人，对湘鄂川黔根据地发动了"围剿"。4 月，任弼时、贺龙在率领红二、六军团撤离根据地中心地区，抓住有利战机，于桑植县陈家河歼灭敌鄂军纵队司令兼第五十八师陈耀汉部第一七二旅，击毙旅长李延龄，接着乘胜在桑植县桃子溪将赶来增援的陈耀汉第五十八师师部和两个团迅速歼灭，调头回转收复了桑

---

① 1928 年 9 月贺龙给中共中央的报告。

植城和永顺、大庸的部分地区。6月，任弼时、贺龙率红二、六军团
又在湖北宣恩县忠堡诱敌设伏，全歼敌纵队司令兼第四十一师师长
张振汉部，张振汉被俘。贺龙知道张振汉是学炮兵的，向其晓明大
义，把他留下来当教员。

8月，红二、六军团主力在任弼时、贺龙率领下，在板栗园东南
的利夫田谷地设伏全歼敌第八十五师师部、2个整团、1个特务营，
击毙了师长谢彬，俘敌1000余人，缴枪1000余支和大批弹药。战
后，红二、六军团返回根据地。8月8日，又击溃了陶广纵队的10
个团。两个月中，红二、六军团在贺龙的指挥下，歼敌两个师，击
溃10多个团，取得了反"围剿"的胜利。

1935年11月，任弼时、贺龙率红二、六军团开始长征。任弼
时、贺龙率红二、六军团向东突破敌军澧水和沅水封锁线，先后占
领辰溪、浦市、溆浦、新化、兰田（今涟源）和锡矿山，控制了湖
南中西部广大地区，还补充了3000多名新战士。随后，任弼时、贺
龙用拖着敌人兜圈子的办法，将大量敌军引向湘东南，然后向西北
突然转向，于1936年1月进到芷江冷水铺一带，把各路敌军远远甩
到了后面，顺利到达了贵州石阡地区。

红二、六军团进入贵州后，在黔西和滇东的乌蒙山区不仅建立
了红色政权，还成立了"贵州抗日救国军"，以及90多个有数十人
至数百人的游击队和1个苗民独立团，而且红军也得到了休整，加
强了训练，扩充了5000多名新战士。此后，任弼时、贺龙又率红军
在乌蒙山中辗转回旋，迅速越过滇军防线直趋滇东。

红二、六军团到达滇东后，向西迅速冲破滇军防线，往普渡河
急进，然后趁省会昆明空虚，抢在中央敌军4个纵队之前，佯攻昆
明，甩掉滇军主力。4月，在石鼓渡过金沙江。1936年7月，在甘
孜和红四方面军胜利会师。1936年10月，红二方面军在甘肃会宁县
将台堡与红一方面军会师，实现了三大红军主力的战略转移。

到达陕北后，贺龙在长征途中的指挥艺术得到了毛泽东的称赞，
说："二、六军团在乌蒙山打转转，不要说敌人，连我们也被你们转
昏了头。硬是转出来了嘛！出贵州、过乌江，我们一方面军付出了

大代价，二、六军团讨了巧，就没有吃亏。你们 1 万人，走过来还是 1 万人，没有蚀本，是个了不起的奇迹，是一个大经验，要总结，要大家学。"①

## 三　挺进敌后，创建抗日根据地

1937 年七七事变后，日本帝国主义开始了全面侵华战争。8 月底中共中央军委命令红军改编为国民革命军第八路军（9 月 11 日，按全国统一的战斗序列改称第十八集团军），红军前敌总指挥部改为八路军总指挥部，朱德任总指挥，彭德怀任副总指挥（9 月 11 日改称正、副总司令），下辖一一五、一二九、一二〇共三个师。贺龙任一二〇师师长，萧克为副师长。9 月初，贺龙、萧克、关向应率一二〇师主力东渡黄河，奔赴抗日前线。

贺龙率部队首先进入晋西北管涔山地区，以宁武、神池为中心，在五寨、岢岚、岚县、河曲、偏关、保德等地区组织和武装群众，开展游击战争。

10 月，忻口会战开始后，贺龙指挥一二〇师切断了日军由大同到忻口的交通补给线，支援忻口会战。

太原失陷后，华北正规战争阶段基本结束，游击战争阶段开始。贺龙决定：一二〇师各部北起大同口泉，南到汾阳，沿同蒲铁路展开，与敌人争夺晋西北广大农村。到 1938 年初，一二〇师扩大为两个 3 团制的旅、5 个直属团或相当于团的部队、2 个直属营和 3 个直属连，全师从渡河入晋时的 8227 人发展到 29162 人，扩大了 3 倍多。

1938 年初，贺龙领导一二〇师主力展开了一场颇有声势的同蒲铁路破袭战，10 天之内与日军打了 4 仗，破坏铁路 10 余公里，拆毁桥梁 8 座，攻占了平社、田庄车站等 7 处据点，切断了忻口至阳曲的交通线，完成了破袭同蒲路的任务。

---

① 《中国工农红军第二方面军战史》，解放军出版社 1992 年版，第 508 页。

　　破袭同蒲路的任务完成后，贺龙率一二〇师返回晋西北，为防止日军渡河西犯陕甘宁边区，三五九旅的两个团去岢岚以东待机，师部返回岚县。接着率军取岢岚、五寨、保德、偏关、河曲、神池、宁武，连下七城，歼敌1500余人，稳定了晋西北的局势，为创建晋西北抗日民主根据地创造了条件。

　　1938年9月中旬，贺龙根据中央"巩固华北，发展华中"的战略方针，决定：三五八旅一部留在晋西北，率三五八旅七一六团、七一五团两个营（留一个营在大青山）和独立一支队执行东进冀中的任务。

　　1939年1月，贺龙率部到达晋察冀边区的峪口村，从新乐以南越过平汉铁路，进入冀中。为了行动方便，部队分成了左、中、右三个纵队。贺龙亲率中央纵队强行军140里，越过平汉铁路，到达冀中地区腹地安平县西南的东西辽城、子文镇一带。贺龙来到冀中的1个月内，指挥一二〇师四战四捷，有力地打击了日军的疯狂气焰，使其"南号作战"计划严重受挫。齐会村战役，敌伤亡700余，对稳定冀中的局势，振奋冀中军民的抗日精神，对巩固冀中根据地意义很大。

　　2月，在东湾里召开冀中区党政军联席会议，会议根据八路军总部意见，成立了以贺龙为总指挥、吕正操为副总指挥、关向应为政委的冀中区总指挥部。

　　会议同时决定，立即深入发动群众，做好基层组织的工作，加强地方武装，坚壁清野，破坏道路，抗击日寇；各级党政机关立即实行精简，精干机构，以适应游击战争的需要。这次会议，不仅统一了冀中区党政军领导的思想，从组织上解决了冀中区的统一领导问题，并且就对敌斗争的方针做出了正确的决定。对于冀中部队，这次会议可以说是实行"八路军化"过程中的重要一步。

　　中共中央军委派贺龙、关向应去冀中的原因之一是"推动、影响当地部队的正规化的进程"。冀中地区的抗日队伍在中国共产党领导下，经过几次整编，组成了4个分区、4个支队、5个独立支队和两个游击师。这些部队，虽然其中都有共产党员，建立了党的组织和政治工作制度，也经历了若干战斗的锻炼，但总的说来，还是一些新部队。干部新，党员新，骨干较少，迫切需要加强基础建设。不把这样的新部队锻炼成为八路军的主力兵团，要在冀中平原坚持持久的抗日游击战争是不可能的。中央军委预见到了这一点，因而派贺龙、关向应率一二〇师主力来冀中完成这一任务。

贺龙、关向应来到冀中以后，在这个问题上，费了不少心血，做了大量卓有成效的工作。

1939 年 2 月，贺龙主动提出：冀中区的反围攻任务主要由一二〇师承担，冀中军区部队尽可能多地抽出来整训。整训以后，冀中军区共建成了 14 个主力团，冀中的部队经过整训提高了素质，从思想上、组织上加速了"八路军化"的进程。以新的姿态出现在冀中平原上。在军队建设、作战指导思想、干部使用等问题上，贺龙以一二〇师的模范行动去影响冀中部队，他还指示一二〇师司令部、政治部举办各种训练班，帮助军区部队训练干部。据统计，在短短的几个月中，一二〇师举办了游击干部训练班、锄奸干部训练班和敌工工作训练班各一期，为冀中军区部队训练了 410 名干部。

在帮助冀中部队正规化建设的进程中，一些冀中部队逐步与一二〇师合编，这些部队后来经过战火的锤炼都成了一二〇师的主力部队。除了成功地实现了与几支新部队的合编外，贺龙还十分注意一二〇师各部队自身的扩大，积极动员广大青年参加抗日部队。在冀中的 9 个月中，一二〇师得到了很大发展，到 1939 年 10 月，已从东渡黄河时的 8227 人增加到了 47991 人，扩大了 5 倍多。

抗日战争进入相持阶段以后，国民党顽固派逐步走上了消极抗日、积极反共的道路。对于国民党顽固派有计划地加剧反共活动，毛泽东十分警觉。1939 年 8 月，命贺、关率一二〇师主力迅速移防至晋察冀边区，准备应付突然事变。接到这一指示，贺龙决定将二、三、四、五、六共 5 个支队留在冀中，由三支队支队长贺炳炎、政委余秋里统一指挥，协助三纵队坚持平原游击战争，其他部队分成两个梯队西移。

10 月初，贺龙来到北岳区。这时，驻石家庄及正大铁路沿线的日军与伪军共约 1500 余人，由旅团长水原义重少将指挥向西进犯，袭击晋察冀边区较大的集镇陈庄，陈庄驻有边区的后方机关及抗大二分校。日军放火焚烧陈庄后沿磁河东撤，进入贺龙所部的伏击圈，不足一天，战斗全部结束，共歼敌 1380 余人，俘虏 16 人。战后，贺龙于 11 月初率部向曲阳县一带转移，打算在那里进行整训。

当时，贺龙、关向应成立了 1 个高级干部研究班，分期分批抽调团以上干部参加学习，每期 20 余人，学习时间 4—5 个月。这个研究班即使在紧张的反"扫荡"中，仍然利用行军作战的间隙坚持了学习。

1939 年 12 月，胡宗南部进攻陕甘宁边区、阎锡山部进攻山西新军和八路军，将国民党顽固派掀起的第一次反共高潮推向了顶点。1939 年 12 月 3 日，阎锡山又制造了"十二月事变"，亦称"晋西事变"。贺龙、关向应根据中央军委指示，决定全师迅速开赴晋西北参加讨逆军事行动，并由贺率领两个团先期西进。1939 年，贺龙率领一二〇师部队在冀中作战 116 次，消灭敌军 4900 余人，战果辉煌。

1940 年 1 月中旬，中共中央要求贺、关将整个晋西北及绥远，南起汾离公路，北至大青山脉，开创巩固的根据地，建立西北与华北的战略枢纽。晋绥地区不仅是中共中央与各根据地联系的交通枢纽，而且是陕甘宁边区的屏障，地位重要，把它建设成巩固的根据地，意义重大。

作为晋西北军政委员会书记、军区司令员、一二〇师师长，摆在贺龙面前的重要任务是打击日伪势力。他回到晋西北以后，做出了成立晋西北新军总指挥部的决定，由续范亭任总指挥，罗贵波任政委，新军总指挥部接受贺、关领导和指挥，晋西北的八路军和新军的统一领导于是形成。接着贺龙部署了晋西北部队的整训，主要抓了五件事：第一件，分批集训了 3000 余名干部，并继续举办有100 余名干部参加的高级研究班。第二件，将扩大来的兵员补充给晋西北各部队，其中以 3000 人补充新军。第三件，进行了部队整编和干部调整。第四件，进行了长期建设晋西北抗日根据地的思想教育。第五件，为新军调配了部分领导干部。

贺龙领导的这次整训，是在春季反"扫荡"以后的战斗间隙进行的。一共用了不到3个月的时间。经过整训，一二〇师实力有了很大增强，全师到1940年4月达到了52021人，新军达到了12093人，军政素质有了很大提高。

　　6月，贺龙率军参加历时月余的夏季反"扫荡"，一二〇师和新军各部队进行大小战斗250余次，共歼灭日伪军约4500余人。接着在"百团大战"的第一阶段中，一二〇师破击了忻静、汾离、太汾3条公路和同蒲铁路北段，歼灭日伪军2700余名，俘虏日军25人。第二阶段，贺龙指挥一二〇师和晋西北新军战斗50余次，歼灭日伪军1700余名，俘虏日军6人，破坏铁路60余公里，公路100公里，控制了阳方口到忻县间的铁路线。

　　经过大半年的对敌斗争，晋西北的人民抗日武装有了很大发展，各地都新建了为数不等的游击队、自卫队，而且人员稳定，组织健全。1940年11月7日，晋西北军区在兴县成立，下设4个军分区，由一二〇师和新军旅级机关兼军分区机关，由旅或纵队首长兼任军分区首长。中共中央军委任命贺龙为司令员，关向应为政委，续范亭为副司令员，周士第为参谋长，甘泗淇为政治部主任。晋西北军区的成立，标志着贺龙、关向应领导的晋西北军事建设发展到了一个新的阶段。1942年8月，中共中央晋绥分局成立，晋西北军区改称晋绥军区。

　　1941年开春以后，关向应患肺结核病日益严重，10月初，离开晋西北去延安治疗。关向应一走，贺龙集军政领导工作于一身，任务繁重。

　　1942年春，日军发动了对晋西北的春季"扫荡"。贺龙指挥晋西北各部队在敌占区和交通线上四处出击，一共歼敌1750人。敌人顾头顾不了尾，十分被动。3月初放弃"扫荡"，撤回原据点。反"扫荡"刚结束，按中共中央指示，贺龙回到延安。5月，担任陕甘宁晋绥联防军司令员，按照毛泽东的指示：统一晋西北与陕甘宁两个区的军事指挥及军事建设；统一两个区的财政经济建设；统一两个区的党政军民领导。

1942 年，中国共产党开始了整风运动，贺龙一到延安，即投入了这一运动。

整风运动结束以后，1945 年 4—6 月，中国共产党在延安召开了第七次全国代表大会，贺龙参加了会议，被选为中共中央委员。

中共"七大"以后，中国共产党领导的抗日武装全力准备对日本帝国主义实施反攻。1945 年 7 月，胡宗南悍然制造了"淳化事件"。8 月，贺龙调动部队反击。全歼国民党军进攻部队，收复了爷台山阵地，粉碎了国民党顽固派的阴谋，巩固了陕甘宁边区作为对日反攻基地的地位。

## 四　为解放大西北、大西南而战斗

1945 年 8 月 15 日，日本宣布无条件投降，国内政治形势发生了急剧变化。毛泽东和中共中央交给贺龙的任务是：统率晋绥部队，占领太原，控制山西和绥蒙。

贺龙指挥部队，在北线，除巩固已解放的陶林、武川、清水河等城以外，夺取绥东、绥南各县城，配合晋察冀部队夺取集宁、丰镇，阻止傅作义部继续东进；在南线，坚决打击阎锡山的进犯，夺取汾阳、文水、交城、孝义、离石、中阳及广大乡村，巩固和扩大解放区；对于太原、大同、归绥等城市则以部分兵力威胁之。

文水战斗后，贺龙继续指挥南北两线部队向拒降的日伪军展开攻击，先后又收复了平鲁、神池、静乐、离石等城，歼灭日伪军5000 余人，并且成功地粉碎了傅作义集团对绥南的进攻，配合了毛泽东在重庆的谈判，晋绥解放区也得到了巩固和发展。

1945 年 8 月 30 日，中共中央军委发出关于争取绥察热全境的指示，贺龙即刻北上，前往晋绥军区所在地兴县。在这里，与林枫一道，处理了几件事：一是根据中共中央指示，抽调了可以组建 10 个团的连以上干部和 1 个建制团，由林枫、吕正操率领前往东北。二是研究确定了绥蒙、雁门、吕梁三个地区的党委书记和军区领导干部的人选。三是督促军区后勤部成立兴县总兵站和沿途各兵站，帮助输送大批干部从延安到华北、华东及东北地区。

9月，贺龙调动晋绥野战军的4个主力旅和绥蒙军区骑兵旅参加绥远战役。同时，聂荣臻命令晋察冀军区3个纵队9个旅参战。这个战役共动用14个旅5万余人。鉴于晋察冀军区参战部队较多，贺龙致电中共中央军委，建议绥远战役由晋察冀军区司令员聂荣臻统一指挥，中共中央采纳了贺龙的建议。

10月18日，绥远战役揭幕。晋察冀部队攻克张皋、隆盛庄；晋绥部队占领凉城、陶林，歼敌第三十五军及暂编骑一旅各一部。25日，歼新编二十六师4000余人。这次战役历时50余天，歼敌1.2万余人，收复了绥东、绥南广大地区。

当时傅作义军向绥东、绥南解放区进犯，1946年1月抢占陶林、和林两城，进攻卓资山，侵占集宁；阎锡山部也会同原伪蒙军王英部侵入丰镇。贺龙调3个步兵团和绥蒙军区骑兵旅，在晋察冀部队配合下，向集宁反击，歼敌2000余人，收复集宁。在绥东、绥南、晋北的晋绥部队执行贺龙坚决反击傅作义部进攻的命令，也击退了国民党军对凉城、丰镇的进犯，击溃了入侵和林的敌人。不久中共中央决定由贺龙兼任晋绥军区司令员。

1946年6月，蒋介石撕毁协议，发动了对解放区的全面进攻。进攻晋绥和晋察冀解放区的是敌第十战区、第十二战区、第二战区所属国民党军38个师，约26万人。

贺龙根据中共中央军委提出的任务，分析了山西的形势和敌我力量对比，感到晋绥部队北要对付傅作义，南要打击阎锡山，兵力不足。是时，对傅作义控制区应暂时采取守势，对阎占区取攻势，称之为"远交近攻，睦傅打阎"。6月，独二旅攻克朔县，歼敌1200余人。7月，独二旅攻克宁武，四纵十一旅收复繁峙。8月，独二旅进攻崞县，歼灭阎锡山部第十师第二团及地方团队2000余人，俘虏800余人。50多天里，收复9座城池，歼灭阎军8600余人，切断了大同、太原间敌军联系。

8月，贺龙和李井泉商量之后，报经中共中央军委批准，撤销晋北和晋绥野战军,将晋绥野战部队组成3个纵队:第一纵队,张宗逊任司令员,廖汉生任政委;第二纵队,王震任司令员兼政委,彭绍辉任副司令员;第三纵队,许光达任司令员,孙志远任政委,贺炳炎任副司令员。与此同时,贺龙又筹建了晋绥军区军政干部学校,自兼校长。

1947年春,由于全面进攻解放区严重受挫,蒋介石被迫在晋察冀、晋冀鲁豫、晋绥、东北等战场转为守势,集中兵力对山东和陕北实施重点进攻。

1947年3月19日,解放军主动撤离延安。中共中央和陕甘宁领导机关一部分撤到晋绥解放区。晋绥解放区成了西北战场的后方,贺龙深感自身任务的艰巨:他统率的部队仅有1个野战纵队、1个骑兵旅以及10余个地方团队,既要保卫和巩固晋绥解放区,又要为陕北战场输送人员、物资,保证中央和陕甘宁边区在晋西北机关的工作与安全,还要配合友邻解放区作战,保障中共中央与各解放区的交通通畅。

于是,贺龙专电习仲勋,提议将河西的军工厂全部迁到河东,集中两区军工力量发展军火生产,以支援西北地区长期作战,得到习仲勋、彭德怀的大力支持。不久,联防军军工局副局长李颉伯奉命率延安军工人员携带设备来到河东。此后,晋绥军事工业得到了相当发展,到1948年已有14座工厂,1所工业学校,3500多名职工,年产山炮弹4000余发,两种型号的迫击炮弹7.5万发,手榴弹100万余枚,各种炸药20多万斤,子弹15万发,在一定程度上支援了战争。

1947年9月,贺龙赶到中共中央当时的所在地——靖边县小河村。毛泽东同贺龙谈了目前的形势和这次会议的中心议题。毛泽东说,看来陕北战场得依靠你们晋绥了,无论在军事上、财政上、粮食上都如此,所以,中央考虑,由你贺老总把这两个地区领导起来,造成一个统一的后方,也好让彭德怀放手去打仗。会议决定"由贺龙统一领导陕甘宁、晋绥两地区工作","解决统一后方、精简节约、地方工作三个问题","以集中一切人力、物力、财力,支援西北解放战争"。这样，中共中央便把全面支援西北解放战争的担子交给了贺龙。

贺龙领导各级人民政府动员和组织了庞大的支前队伍，从晋中、晋西南以及其他解放区调运了大批粮食到陕北。在榆林战斗中，第一、二、六、九、十分区都动员群众背粮。仅临县 3 个乡就动员了 69 万人次，其中妇女占 32 万人次。绥德有部分粮食还是从河南运来的。在晋南也有数万人运粮，运粮的牛车络绎不绝。

在兵员补充上，仅 1947 年，就动员了 3 万人参加野战军，5 万人参加地方军。根据战争的发展，到 1948 年底，在陕甘宁和晋绥地区的野战部队扩大到了 7 个纵队两个旅。到了 1949 年 6 月，西北野战军指挥下的部队，已从 1947 年 9 月小河会议时人员不充实的 3 个纵队两个旅，发展成按三三制编制的 18 个师，6 个军，2 个兵团，22 万人的大军了。

1947 年底，贺龙着手从政治和军事两方面整训部队。主要是进行"三查"、"三评"①，实行军事、政治、经济民主，提高部队的政治觉悟和战斗积极性。在此基础上，总结经验，加强战术、技术训练，提高战斗力，力争多打胜仗。

1948 年 1 月，西北野战军转入外线作战。陕甘宁晋绥联防军更名为陕甘宁晋绥联防军区，后来又改称西北军区。贺龙任司令员，习仲勋任政治委员。

5 月，人民解放军解放了陕西省省会西安。中共中央任命贺龙为中国人民解放军西安市军事管制委员会主任。不久，中共中央决定组建新的中共中央西北局，以彭德怀为第一书记，贺龙为第二书记，习仲勋为第三书记。

刚解放的西安，很不平静。贺龙一面责成有关部门想尽一切办法，迅速调运 10 万石粮食进城，一面命令守备部队的 3 个团向南展开，驻西安各级机关的干部、战士一律拿起武器，采取种种办法，制造华北两个兵团胜利到达陕西的假象。接收工作照常进行。公安部门加紧工

---

① "三查"即查阶级、查思想、查斗志，"三评"即评干部、评党员、评斗志。

作，迅速组织力量打击潜伏的国民党特务分子。这样一来，敌人一时摸不清西安的情况，未敢贸然行动。到了6月份，第一野战军在咸阳、礼泉一带给了进犯陕西的青海马继援部以严重打击，我十八、十九兵团也相继开抵陕西，才彻底解除了对西安的威胁。

1949年7月，刘邓率50万人，除陈赓率的4个军外，其主力于9月取道湘西、鄂西、黔北入川。贺龙率十八兵团、七军和十九军共14个师担负解放川北、陕南的任务，并亲率10万大军取成都。10月，中共中央决定，邓小平、刘伯承、贺龙分任中共中央西南局第一、第二、第三书记；贺龙任西南军区司令员，邓小平任政委，刘伯承任西南军政委员会主席。

11月7日，中共中央确定成立川西北军政委员会，以贺龙为主任，统一领导川西北军事、政治、党务、民运等项工作。

12月27日，成都解放。1950年1月，刘伯承、邓小平在致各战区的感谢支援电中，正确评价了贺龙在解放大西南战役中的贡献。他们说："西南战役之能如此迅速地完成，尤其是西南敌人主力胡宗南之能如此迅速地被歼灭，其主要原因之一，是一野十八兵团在贺龙同志率领下前进的神速。"

在西南工作期间，贺龙与邓小平、刘伯承等并肩战斗，为改造旧部队、剿灭土匪、安定社会秩序、建立人民政权、恢复发展生产以及进军西藏、筹建西南军事院校等等，做了大量卓有成效的工作，倾注了大量心血。

# 五　殚精竭虑，推进军事现代化建设

1952年贺龙到北京工作以后，先后被任命为国家体委主任，副总理兼国家体委主任，后来又被选为中共中央政治局委员，担任中共中央军委副主席。除以很大精力领导国家体委之外，还根据中共中央、国务院和中央军委的决定，执行一些重要任务。1959年9月，中共中央组成了新的军事委员会，主席为毛泽东，副主席为林彪、贺龙、聂荣臻。1960年1月，贺龙任国防工业委员会主任。为推进我军的现代化建设殚精竭虑。

### 1. 狠抓军工产品质量

贺龙任国防工业委员会主任后对大家说：党要我管，我就要真管。我管国防工业，不能只挂牌子，不做实际工作。我要扎扎实实地把工作抓起来。

从1960年2月开始，贺龙对全国的重点军工企业逐一巡视，做了一次全面的调查研究，为众多军工企业解决了许多难题。

11月，贺龙开始在国防工业系统召开部、司（局）、厂三级干部会议，进行质量整风。贺龙在会上做了总结报告。报告肯定了国防工业11年来的成绩，指出了存在的问题及产生的原因，提出了国防工业建设必须遵循的17条准则。这些准则的主要内容是：必须立足于应付帝国主义可能发动的世界战争和原子战争；必须为国防建设和军队建设服务；必须发奋图强，自力更生发展国防工业；必须随着国家独立完整的经济体系的建立，逐步建成完整的国防工业体系，做到工业配套、地区配套、产品配套；必须贯彻执行军民结合，以军为主的方针；必须贯彻质量第一，在确保质量的基础上提高数量的方针；无论是突击尖端，还是基本建设，都应当集中兵力打歼灭战；必须迅速地建立一支又红又专的干部队伍；必须坚决贯彻勤俭办国防工业的原则；必须加强政治思想工作，以政治统率业务；必须树立忠诚老实、实事求是的作风，反对浮夸，反对弄虚作假。

这些准则，是经过与会者集体讨论和研究后拟定的。既是对三级干部会议的总结，也是对新中国成立11年来国防工业建设诸问题的科学、系统、全面的总结，是国防工业建设长期的指导方针和工作原则。它体现了贺龙对于国防工业建设和社会主义企业经营管理的远见卓识。

贺龙担任国防工业委员会主任以后，根据国际形势和人民解放军建设的需要，提出了要建立一个独立完整的现代化的国防工业体系的宏伟蓝图。他强调，要建立这样一个国防工业体系，不能光依赖别人，要靠自己，走自力更生的道路。

1960 年 7 月，苏联政府单方面决定撤走全部在华专家，撕毁专家合同和合同补充书，废除科学技术合作项目，给中国刚起步的国防工业建设造成了严重的困难。

面对如此严重的形势，1960 年 8 月，贺龙召开国防工业委员会议，与聂荣臻、刘伯承、罗荣桓、薄一波、罗瑞卿、谭政以及一机部、冶金部、化工部、建工部、国家计委、经委和建委的负责人一起研究对策。贺龙和与会者都认为：没有外援，不可避免地会遇到许多困难，对此不能估计过低。但是，只要我们坚持自力更生的方针，充分发挥群众的智慧，我们不但完全可以克服困难，而且完全可以用比过去更快的步伐前进。

苏联毁约停援，使完全依靠进口的 1691 种新型材料供应中断，国防工业面临着重大困难。贺龙在会上郑重提出，我们要卧薪尝胆，发奋图强，打破一切依赖思想，依靠自己的力量，解决材料、设备问题，“应该仔细摸一摸，哪些问题还没有解决”，“摸个水落石出。”“我们面前有一堆困难，这是前进路上暂时的困难，但必须下大力量加以克服。这是关系到能否建成现代化国防的问题，是关系到 6.8 亿人民能否挺起胸膛的问题，是关系到全国人民的根本利益的问题。我们一定要完成突破关键、实现自力更生的任务。”会议要求国防工业部门深入、细致、全面、彻底地弄清楚在没有外援的情况下，存在的困难是什么？缺什么条件？在摸清情况的基础上，订出全面解决困难的具体措施。优先安排当前最急需的、在本年度内必须解决的问题，一定要设法把依靠外援或进口的东西，在国内解决。

根据会议研究的问题，贺龙向中共中央、毛泽东写了《关于在当前形势下国防工业建设几个问题的报告》。中共中央批准了这个报告，并批转各部门贯彻执行。

在中央批转贺龙的报告以后，他开始抓落实工作。贺龙决心使急需的材料、设备逐项落实。他选择了一个僻静地点——北京养蜂夹道一号，以国防工业委员会主任名义，召开新材料、新设备协作定点会议。在 1960 年 9 月到 1961 年 9 月长达 1 年的时间里，他邀请有关的国务院副总理和国家计委、经委、建委、冶金、化工、机械、石油、轻工、纺织等部委的副主任、副部长以及有关司、局长，开了 30 多次集体办公会议。每次会议都由贺龙主持，他同大家反复协商，逐项落实急需材料和设备的研制和生产。

为了坚定国防工业战线上广大干部、技术人员、工人走自力更生道路的信心和决心，贺龙在各种会议上都反复强调要"发奋图强，自力更生"。他说：我们必须从产品设计、试制和生产，到原材料供应，都立足国内。在独立设计和试制的时候，要虚心学习一切先进经验，认真考虑现实条件，把敢想敢干和科学分析很好地结合起来，把战略上藐视困难和战术上重视困难很好地结合起来。当前要突破材料、技术和设备这三关。突破这三关，归根到底是人的问题。应该大力加强培训工作，迅速建立一支又红又专的技术队伍。同时要加强各种新型材料、精密设备、测试仪器的研究、试制和生产。特别要抓紧立足于国内资源的各种新材料和代用材料的研究、试制和生产。

在贯彻自力更生的方针中，贺龙认为，应从组织体制上解决工厂、科研机构、学校三结合和研究、生产、使用三结合问题。为此，他专门到国防部第六研究院及其所属的研究所做调查研究。

### 2. 重视武装力量建设

1960 年 9 月中共中央军委扩大会议决定：在军事工作中贯彻抓两头、带中间的方针，即既抓解放军建设，又抓民兵建设；既抓机关，又要大力抓好基层建设。据此，贺龙除继续抓好国防工业之外，以更多的精力抓了武装力量建设。1961 年初，他和总政治部主任罗荣桓相约，一同去做调查研究，检查、推动军委扩大会议精神的贯彻落实，特别是要摸一摸在国家经济暂时困难时期，加强军队基层建设，加强政治思想工作，保持部队稳定的情况和经验，以及民兵工作落实情况。

这次巡视，贺龙调查了南京、福州两个大军区的陆、海、空军，苏、沪、浙、闽、赣、湘等 6 个省军区和警备区以及一些军工厂，历时近两个月。通过这次调查，他对部队的现状和存在的问题以及民兵工作等有了更深入的了解，进一步明确了加强国防建设主要是抓好三件事：第一，抓好解放军的建设；第二，落实民兵工作；第三，抓紧对国防尖端技术的研制和国防工业建设。在军队建设的"两头"——基层和机关中，贺龙更为关心基层建设，尤其强调加强党的领导。

贺龙还从 1962 年 12 月起，按当时军委分工亲自抓了海军机关的建设。

### 3. 精心备战，保卫边疆

1962 年 2—5 月，中央军委在广州和北京召开了全军编制装备会议，着重讨论了部队的战备方针、编制原则、整编方案和装备保障，并规定了整编的步骤和时间。贺龙参加了会议。会议之后，林彪因病休养，军委的日常工作主要落到了贺龙和聂荣臻两位副主席的肩上。

1962 年国内经济出现了大困难。从春天开始，国民党军队从各方面加紧进行窜犯大陆东南沿海地区的准备；中印边境局势也很紧张，印军不断调兵遣将，侵入中国境内，甚至发生了流血事件。

5 月上旬，贺龙主持中共中央军委常委会议，分析研究中印边境地区形势。根据印度军队在中国境内占地设点、步步推进的势头，军委常委一致认为，中印边境武装冲突难以避免。为了防范印军的进攻，会议决定，立即指示西藏和新疆军区的边防部队提高警惕，做好应付突然事变的准备。

7 月中旬，贺龙召集总参谋部、总政治部、总后勤部领导人和总参谋部有关部门的领导人研究中印边境战备问题。7 月底，贺龙再次召开军委常委会，研究东南沿海和中印边境形势。会议决定，调整东南方向的军事部署，中印边境地区则要进一步采取措施，做好应付突然事变的准备。

当时，中印边境地区的形势日趋紧张。6 月，印度军队侵入西藏山南的扎冬地区，开始在中国境内设立据点，制造流血事件。10 月，印度军队在中印边界东、西段同时发起全面进攻。

中央军委立即命令西藏和新疆的边防部队进行自卫反击。贺龙和聂荣臻召开军委常委会议，讨论中印边境作战问题。研究了作战方案，就解决部队的后勤保障（特别是运输补给），加强战地政治工作和群众纪律等，提出了具体要求，做了安排。

11 月上旬，军委常委开会，贺龙、聂荣臻、刘伯承、徐向前等对下一步作战的兵力使用、组织指挥、战前准备、后勤保障以及作战中可能出现的情况和对策，进行研究，作了具体指示，从而保证了边防部队从 11 月 16—21 日第二阶段自卫反击作战的胜利。从 22 日零时起，中国边防部队奉命在中印边境全线主动停火，对印度的自卫反击作战胜利结束。

在此前后，国民党军队在 1962 年进犯大陆的阴谋被粉碎后，不甘心失败，便由空中、海上派遣小股武装，对南起广东，北至山东的沿海地区，进行渗透袭扰。为了粉碎这种袭扰破坏，1963 年 2—3 月，解放军三总部在福州召开了岛屿战备工作业务会议。4 月上旬，贺龙主持军委常委会议，专门听取了杨成武副总参谋长关于会议情况的汇报。贺龙提出，要迅速解决守岛部队的统一领导、统一指挥问题，加强各大岛上的军队干部；各岛都要把民兵工作搞好，进行人民战争，只靠正规军不行。他还提出：要加强对岛屿的建设，只有把岛屿建设好，才能长期坚守，独立作战。

1963 年 9 月 27 日，毛泽东提出：林彪同志长期生病，身体不好，建议由贺龙同志主持军委日常工作。

### 4. 开展大练兵运动

1963 年 12 月下旬，叶剑英到南京军区参加推广"郭兴福教学方法"① 现场会以后，向中共中央军委报告，建议在全军推广。贺龙同

---

① "郭兴福教学方法"是南京军区某团二连的副连长郭兴福在上级帮助下总结出来的。其主要特点是：善于在教学中抓活思想，发扬军事民主；把练技术、练战术、练思想、练作风紧密结合起来；采取由简到繁，由分到合，情况诱导，正误对比的方法；把言传与身教、苦练与巧练结合起来；严格要求，一丝不苟，循循善诱，耐心说服。

意叶剑英的建议。1964 年 1 月，全军立即行动起来，掀起一个学习
"郭兴福教学方法"的运动。

　　贺龙以极大的热情同军委其他领导人一道，全力推广"郭兴福
教学方法"，推动全军群众性练兵运动的开展。他亲自抓北京军区。
4—6 月间，先后 7 次到北京军区视察。为了进一步掀起群众性的练
兵热潮，5—6 月，中央军委举行了两次全面的军事训练"比武"。

　　毛泽东在看过北京和济南军区部队的表演后，对部队的训练
"尖子"十分欣赏，亲自找贺龙谈了几次，指示要在全军推广"尖
子"的经验。毛泽东还特别强调要普及"夜老虎连"的经验。贺龙
向张宗逊布置工作时说：两三年可以把"尖子"经验在全军普遍推
广。各级领导要亲自抓，严格督促，定期检查。要造成声势，要雷
厉风行，要像今年推广郭兴福教学法和搞游泳训练一样抓好普及工
作，一定要很快搞出成绩来。

　　8—10 月间，贺龙同陈毅、叶剑英、罗瑞卿在北京、青岛和济南
等地，先后观看了工程兵、炮兵、空军、海军的"尖子"分队和山
东省民兵的军事训练表演。贺龙在青岛观看北海舰队汇报表演时又
强调：要从难、从严、从实战情况出发训练部队。

　　贺龙一向注重干部的培养。从 1964 年开始，他对干部培养、军
队院校建设投入了很多精力。1964 年 10 月，贺龙主持第 49 次军委
常委会，专门研究院校建设问题。贺龙说：办军事院校，必须贯彻
以我为主的方针。全军所有院校，包括高等军事学院，都应该贯彻
以我为主的方针。办学数量，应根据需要，抓住重点。需要培训多
少干部，就办多少学校，不十分需要的学校，应当合并、取消一些。
对全军几所重点院校，要好好抓，领导要亲自抓，要花一些力量把
这些学校搞好。

　　11 月，在高等军事学院学习的福州军区副政委廖海光和浙江省
军区副司令员张秀龙相约看望贺龙。贺龙听了汇报后说：培养干部
是基本建设，你们的责任就是把全军高等学府办好，用毛泽东思想
教育培养干部。高等军事学院一定要把老传统捡起来，保持发扬下
去，培养出合格的接班人。我们交班，就是要交艰苦朴素的班，交

为人民服务的班，交做称职的人民勤务员的班。

　　1966 年"文革"开始后，贺龙遭到迫害。1969 年 6 月 9 日，这个曾使敌人闻风丧胆的开国元勋、中国人民解放军的创始人之一、中华人民共和国元帅，含冤离开了人间，终年 73 岁。1974 年 9 月，中共中央发出《关于为贺龙同志恢复名誉的通知》。1982 年 10 月，中共中央为贺龙彻底平反。

〜〜〜〜〜〜〜〜〜〜〜〜〜〜〜〜〜〜〜〜〜〜〜〜〜〜〜〜〜

　　正如中共中央发出的《关于为贺龙同志彻底平反的决定》所说：贺龙在土地革命战争、抗日战争和解放战争中历尽艰险，百折不挠，英勇善战，为人民军队的创建、发展、壮大，为人民战争的胜利，为中国人民的解放事业和新中国的诞生，建立了丰功伟绩。新中国成立后，在社会主义革命和建设中，他对我军革命化、现代化建设，对我国体育事业的创建和发展以及国防工业建设等，都做出了重大的贡献。"他光明磊落，刚直不阿，顾全大局，豁达大度，平易近人，对革命坚信不疑，对困难从无畏惧，始终充满革命乐观主义。他的英雄形象和崇高品德，受到了全党、全军和全国各族人民的爱戴和崇敬。"① 贺龙的主要著作已收入《贺龙军事文选》。

---

　　①　中共中央《关于为贺龙同志彻底平反的决定》，1982 年 10 月 16 日。

# 罗荣桓 人民军队的重要缔造者

罗荣桓（1902—1963），无产阶级军事家，中国人民解放军的缔造者之一。在长期的革命战争中，在中国人民解放军进一步革命化、现代化的建设中，他都始终坚决地贯彻毛泽东的政治路线和军事路线，贯彻毛泽东的人民战争、人民军队的光辉思想，为中国人民革命的胜利，为军队政治工作的建设，建立了不朽的功勋。

毛泽东在 1929 年古田会议时评价说："罗荣桓是个人才，是一位很好的领导干部，对这个同志我们发现晚了。"罗荣桓逝世后，毛泽东十分悲痛，夜不能寐，为罗荣桓写下《七律·吊罗荣桓同志》一诗，诗中最后一句"国有疑难可问谁"，足以体现毛泽东对罗荣桓的肯定和器重。

　　罗荣桓，1927年参加湘赣边秋收起义。历任中国工农红军（初称工农革命军）第四军的连、营、纵队党代表。1930年8月任红四军政治委员。1932年3月任第1军团政治部主任。第四次反"围剿"后改任江西军区政治部主任，总政治部巡视员、动员部部长。1934年9月任第八军团政治部主任。长征中先后任总政治部巡视员、第1军团政治部副主任。1937年1月任军委后方政治部主任，7月任第1军团政治部主任。抗日战争初期，任八路军第一一五师政治部主任。1938年任一一五师政治委员。1941年8月任山东军政委员会书记。1943年3月任山东军区司令员兼政治委员，一一五师政治委员、代师长，后任中共中央山东分局书记。抗日战争胜利后，任东北民主联军副政治委员、东北军区第一副政治委员、东北野战军政治委员。1949年1月任第四野战军第一政治委员。1949年6月以后被任命为中共中央华中局（后为中南局）第二书记，华中军区（后为中南军区）第一政治委员。

　　新中国成立后，任最高人民检察署检察长。1950年4月任人民解放军总政治部主任，同年9月兼任总干部管理部部长。1952年领导筹建人民解放军政治学院，后兼任院长。1954年6月任中央人民政府人民革命军事委员会副主席。1955年被授予元帅军衔，同年11月任中共中国人民解放军监察委员会书记。他是中共第八届中央政治局委员，第一、第二届全国人大常委会副委员长，国防委员会副主席。

# 一　投身革命军队

罗荣桓，原名慎镇，字雅怀，1902 年 11 月 26 日生于湖南省衡山县寒水乡南湾村（今属衡东县）。1919 年，17 岁的罗荣桓从衡阳老家去长沙读中学。他所进的谊群补习学校，柳直荀是该校创办人之一。罗荣桓进中学的第一学期，便参加了抵制日货和驱张运动，第一次受到反帝反封建斗争的洗礼。"1921 年夏，他在家乡邀集土字、梦字两地区的同学成立'土、梦学友联合会'，被选为会长。并利用岳英小学校舍，办农民夜校。"① 此后，罗荣桓赴北京、青岛、广州、武汉各地辗转求学，同时积极参与抵制日货、支援工人的斗争及农民运动等革命活动。在此期间，他思想逐渐成熟。1927 年在国立武昌中山大学就读时参加了中国共产主义青年团，不久便转为中国共产党党员。

1927 年 7 月，罗荣桓被中共湖北省委派往鄂南通城县从事农民运动，参与组织通城、崇阳农民武装，任党代表。这支武装后来在江西修水编入武昌国民革命军第二方面军总指挥部警卫团，他任特务连党代表。接着投身秋收起义，参加毛泽东领导的三湾改编。三湾改编后，起义部队战斗力、凝聚力得到明显的提高，奠定了新型革命军队的基础。在进军井冈山的途中，罗荣桓主要是做宣传工作。

罗荣桓参加秋收起义之前是一介书生。参加起义军之后，形势却将他推上了硝烟弥漫的战场。他从战争中学习战争，对部队的一套，从操场到战场，从队列到内务的管理等，逐渐地熟悉起来。

罗荣桓从当党代表开始便坚持了一条：凡是要求士兵做到的，自己首先做到，以自己的模范行动作为无声的命令。他的这种坚持自然而然地赢得了干部、战士的爱戴。罗荣桓一直非常注意发挥支部的战斗堡垒作用，认为唯有如此，才能体现"支部建在连上"的

---

① 罗荣桓传编写组：《罗荣桓传》，当代中国出版社 1991 年版，第 619 页。

重大意义。支部建在连上，对部队进行强有力的政治工作，是巩固部队最重要的因素，其中很重要的一条，是肃清封建残余，提倡民主主义，尊重士兵人格，不打骂士兵。这也是革命队伍区别于军阀部队的关键之一，这在当时是一个创举。为此，罗荣桓扎扎实实做了大量工作。

1929 年 12 月 28 日，红四军党的第九次代表大会（即著名的"古田会议"）在古田的溪背村廖氏宗祠召开，会议通过了《中国共产党红军第四军第九次代表大会决议案》。在这一决议中，毛泽东系统地总结了红四军建军的经验，确立了人民军队建设的根本原则，奠定了红军政治工作的基础。古田会议后，罗荣桓被选为第四军前敌委员会委员。1930 年 8 月，任红四军政治委员。此后尽管职务多有变动，但都以部队政治工作为主，为建立新型的人民军队而尽心尽力。红四军下井冈山的时候，每个营和连都有了宣传兵。罗荣桓对这支宣传队伍抓得很紧，不仅依靠他们对部队、对群众、对白军士兵做宣传，而且把他们看成是初级政治干部的来源，精心加以培养。

在长征途中，罗荣桓担任第二纵队政治委员，为了纠正盲目枪毙逃兵现象，罗荣桓多次召开会议，对一些思想不通的干部进行说服。在此基础上，罗荣桓又领导全纵队建立了定期检查古田会议决议贯彻执行情况的制度和党课教育、士兵教育制度，同时健全了支委会、支委和小组长联席会、支部大会、小组会和党员定期向小组长作汇报等制度。

## 二　为保证党对军队的统一指挥而尽责

卢沟桥事变后的第三天，罗荣桓被任命为第一军团政治部主任。1937 年 8 月 22 日，中国工农红军改编为国民革命军第八路军。原红一军团、十五军团及第七十四师合编为第一一五师。林彪任师长，聂荣臻任副师长，罗荣桓任政训处主任。10 月 23 日，恢复红军传统的政治工作制度，聂荣臻任政治委员，政训处改为政治部，罗荣桓任政治部主任。为了保证顺利实现这一巨大的历史转变，罗荣桓首先抓紧对部队进行思想教育。他组织编发了讲话提纲，派干部下部队搜集基层士兵的思想反映。他还亲自深入红四师第十团了解情况。

1938年9月，罗荣桓所在的一一五师在晋西南取得了三战三捷的胜利。12月20日，按照军委部署，第一一五师师部和第六八六团在陈光、罗荣桓率领下从晋西灵石县双池镇出发东进，次年3月到达山东。进入山东以后，罗荣桓总结了一些宝贵的经验。

他认为必须克服政治上的麻痹情绪，加强部队的思想政治教育，以及我军的光荣传统教育，使部队保持思想上的纯洁性。针对土生土长的游击队易于产生各自为政的游击主义的倾向，他要求所有游击队都要置于地方党委统一领导之下，建立政治工作制度，进行必要的组织整顿，要依靠党组织来保证统一指挥。

罗荣桓在鲁西开创新局面时提出"六字方针"，即插、争、挤、打、统、反。这"六字方针"同毛泽东关于"发展进步势力、争取中间势力、反对顽固势力"的策略方针的精神是一致的。这一策略方针对开创鲁西新局面具有十分重要的意义。1940年，罗荣桓娴熟自如地运用这"六字方针"，终于在敌、顽、友、我各种矛盾错综复杂的形势下，又开创了鲁南抱犊崮山区的新局面。

1940年，罗荣桓结合一一五师的实际，提出在入鲁部队中普遍开展建设铁的模范党军的活动，包括要认真执行党的政策，不折不扣地完成党所给予的任务，普遍深入地建立与群众血肉相连的关系，要成为爱护根据地与民主政权的模范和实现高度的政治团结，建立无产阶级的友谊，自觉地遵守纪律，不断地求进步等要求。

1941年8月22日，第一一五师在蛟龙汪召开了一个多月的政治工作会议，全面总结了抗战4年来政治工作的基本经验，罗荣桓在会上作了重要讲话。他指出政治工作是革命战争革命军队的生命线，政治工作最基本的任务，就是巩固与提高部队的战斗力，保证战争胜利。"战斗力不但取决于军事技术的高低，而且主要是取决于政治工作的强弱。没有政治工作，就没有战斗力，也不可能保证战争的胜利。我军所以能百战百胜，无坚不摧，成为革命战争中最优秀的铁军，就是因为有党的保证以及整个政治工作的保证。"①

罗荣桓一贯强调政治和军事要紧密结合，强调政治工作的保证作用。他认为政治工作的保证作用表现在它用不同于军事工作的方法，来达到共同的目标，而不是要和军事工作争权。罗荣桓认为要做好政治工作，必须首先发挥政治干部的表率作用。他强调，政治干部的威信，要靠自己模范的行动、模范的工作去取得。罗荣桓以自己的模范行动，为政治干部做出表率。他强调政治机关要联系群众，深入实际，面向连队，对部队来的指战员要热情、和蔼，及时解决下面提出的问题，不能马上解决的也要把道理讲清楚。真正使政治机关成为干部之家，使干部感到很温暖，有什么问题都愿意来反映，千万不能把政治机关办成阎王爷开的店，连个鬼也不敢上门。

为了使政治工作能从实际出发，有的放矢，罗荣桓强调政治干部不仅要懂政治，而且要懂军事、懂业务，了解战争，熟悉部队。他每天都到司令部作战室去阅读和研究军事情况的报告，还时常督促师政治部的部长们，到司令部看军事文电，及时掌握各部队作战情况。他常常派政治机关的干部下部队任职，到前线锻炼，同时又从部队抽调干部到政治机关工作。与此同时，他又要求军事、供给、卫生等部门的党员干部增强党的观念。在他的倡导下，第一一五师规定，旅长、团长调动工作，除条件不允许者外，都要到政治部组织部来谈话和办手续。政治工作的中心环节是干部教育。在他的倡导和带动下，第一一五师和山东纵队规定，只要情况许可，干部每天都要挤出两个小时进行学习。干部教育还包括文化教育，对此罗荣桓一贯重视。1940 年 3 月 24 日，罗荣桓在《关于巩固、严密及审查部队党组织的指示》中便指出："提高文化水准须认为是提高政治水准的重要手段，不能识字要识字，不能阅读要阅读，不能书写要书写，不能作文要作文。因此，提高文化水准不仅限于在一般党员中……还应包括高中级干部，须按各人现有程度提高。"

---

① 罗荣桓传编写组：《罗荣桓传》，当代中国出版社 1991 年版，第 243 页。

罗荣桓认为连队一切工作要求与组织形式，都是以完成战斗任务为目的。因此，连队政治工作人员的任务，主要是以政治工作的手段来保证战斗任务的完成。他非常关心连队的生活和战士的疾苦，并很重视运用报纸对指战员进行宣传教育。

在使用干部上，罗荣桓历来主张搞五湖四海，坚持任人唯贤。他对拉山头、搞宗派深恶痛绝。他对干部一视同仁，不分亲疏。他胸怀宽广，不仅能团结和自己意见相同的人，而且能团结和自己意见不同的人。他经常讲：干革命团结的人越多越好，不能搞一朝天子一朝臣。在一次会议上，他说："如果因为个人的熟悉不熟悉，决定使用与不使用，领导者就不会使用大量的干部，容纳大量的干部，只是在熟人的小集团中去打圈子，领导者要变动工作就想到把熟人也来一个搬家，必然会造就个人干部政策倾向。如果以合乎个人口味来说，那么能够使用的干部就少得可怜了，甚至可能用些庸俗的吹牛拍马钻营的角色了。"①

# 三　以"游击战"与"翻边战术"打击敌人

罗荣桓在吕梁山与山东的抗战中，为八路军在平原地区开展游击战积累了十分宝贵的经验。

山东军区在整编中，罗荣桓还抽调了大批部队干部到地方武装工作，实行主力部队地方化，增强了部队之间、军队与地方之间的团结，减少了领导层次，精简了机关，提高了部队的战斗力，这对于转变山东的斗争形势有很大作用。同时，主力部队地方化以后，与人民关系密切了，更容易发展壮大。实践证明，这是一条在游击战争中发展军事力量的正确途径，为以后部队的大发展奠定了坚实的基础。②

---

① 罗荣桓：《在山东军区军事工作会议上的报告》。
② 罗荣桓传编写组：《罗荣桓传》，当代中国出版社1991年版，第289页。

为了扭转山东抗战的困难局面，罗荣桓根据中央军委提出的蓄力量、熬时间、坚持长期斗争的方针，把主要精力放在领导、发展游击战上。他认为，在敌后想尽快把游击战转为运动战的观点是错误的，普遍开展的游击战，"必须成为分散性、地方性、群众性的"。他说："主力军和地方基干武装，都有必要分散地方化，扶助起大量民兵游击小组，成为游击战组成的重要因素。"①

按照这一要求，山东各战略区都开展了广泛的分散游击战。采用了"避强击弱"、"避实击虚"，速打、速决、速走和打不过就走，走不了就散，散不了就躲，敌人过去了在后面打等方法。开展了三三两两到处打冷枪的"麻雀战"，轮番参战的"车轮战"，把敌人炸得坐立不安进退两难的"地雷战"，与敌人转圈子的"推磨战"，一村打响、四方驰援的"蜂窝战"，还有虚张声势、迷惑敌人的"神经战"等等，发挥了人民战争的强大威力。

分散性游击战的战场，主要是在敌占区和根据地之间的边沿游击区。因此，罗荣桓特别强调边沿游击区的斗争。他指出，"边沿游击区的斗争方针是深入隐蔽，扎根于群众之中。应根据边沿游击区的不同条件，作某些方面的隐蔽或全部转为隐蔽，以保持自己的力量与机动的可能。因此，那种张扬旗鼓，大吹大擂一套公式和旧机关的作风是特别有害的。这一点，过去没有为所有领导所重视，以致在某些地区造成了损失。"②

对于如何深入隐蔽地坚持边沿区的斗争，罗荣桓指出：一般的应该是麻痹敌人，造成敌人的松懈，保存自己的力量，争取在任何情况之下都要有我们机动的条件，能站稳脚跟，不丧失坚持的信念。必须加强群众的分散游击战，配合党和群众工作的隐蔽斗争。要善于暗中打击敌人，而不大张旗鼓地打击敌人；要打击敌人的尾背而不打击敌人的来头；要善于埋伏打击敌人，而不对抗打击敌人，没有必要的条件不乱打，避免暴露造成破坏。罗荣桓认为，要坚持边

① 罗荣桓：《克服在执行游击战中认识上的一些偏差》。
② 罗荣桓：《坚持我们的边沿游击区》。

沿区斗争，必须紧密地联系群众，依靠群众，动员群众，组织群众，帮助群众克服困难，提高群众对我们的信任程度。要抽调比较坚强的人员加强游击基干小组，在群众中建立隐蔽的坚强的情报网和联络站。

按照罗荣桓的上述指示，山东许多地区将边沿区的群众以民兵、妇救会、儿童团以及看坡队、打更队等形式组织起来，实行联防。发现敌情，即以预定的各种信号，通知附近地区，村村做好战斗准备；一处打响，八方支援。在漫长的边沿地区，构成了一条严密的警戒线，保卫着人民的安全。当敌人在边沿区修筑公路、挖沟筑墙实行封锁时，即以"修封锁沟占了良田"、"挖坟要祖宗翻尸倒骨"等与群众利益密切相关的口号，动员群众上工时怠工、下工后破路、平沟、砍电线杆，迫使敌人待不下去。对于敌人孤立的据点则组织长期围困，迫使敌人撤退，或予以消灭。

罗荣桓认为，坚持边沿游击区及在敌占区执行隐蔽斗争任务的有效组织形式是武装工作队。它是立足于边沿游击区，并逐步深入敌占区开展军事、政治、经济、文化斗争的精悍的武装斗争组织。武工队插入敌占区工作要采取隐蔽斗争的方式，依靠基本群众，广泛团结开明士绅和爱国人士。进而利用合法形式与名义，有计划地发展党员，建立秘密支部，逐步把整个村庄变为隐蔽的抗日堡垒。"1943 年山东共开展了 8000 多个村庄的隐蔽工作，团结群众 300 余万人。"[①]

抗日战争时期，粉碎敌人对根据地的蚕食和"扫荡"，这是在敌后分散性游击战争环境中反复出现的现象。如同"围剿"与反"围剿"的长期反复是十年内战的特点一样，"扫荡"与反"扫荡"、蚕食与反蚕食的长期反复，便是敌后游击战的特点，罗荣桓因此提出了"翻边战术"。

罗荣桓认为，由于敌后根据地地域狭小，缺乏回旋余地，如果仍然照搬内战时打运动战的方法，就难以突破敌人的包围。因此，

---

① 罗荣桓传编写组：《罗荣桓传》，当代中国出版社 1991 年版，第 269 页。

必须采用"翻边战术"。即把主力部队，不是设置在根据地的腹部，而是部署在靠近一路敌人的根据地的边沿地区。当敌人"扫荡"时不是"敌进我退"、"诱敌深入"，而是"敌进我进"，即在弄清敌人特别是当面之敌的动向后，趁敌人的包围圈尚未紧缩，尚有较大空隙时，选择敌之弱点，由根据地经边沿游击区，"翻"到敌人后方去，打乱敌人部署，粉碎敌之"扫荡"。①

他正式提出"翻边战术"这一名词，是在 1942 年。但是在这之前的反"扫荡"中，他曾多次运用过这种战术思想。1940 年鲁南反"扫荡"和 1941 年的留田突围，都是成功的范例。"翻边战术"就是这些成功经验的总结。罗荣桓亲自部署一一五师教二旅，于 1942 年 11 月 3 日在滨海根据地海陵地区发起的反蚕食战役和 1943 年 1 月发起的攻克郯城战役，都是运用"翻边战术"的范例。海陵、郯城战役，打乱了敌人在 1942 年冬季继续进行大"扫荡"的计划。随后，"翻边战术"陆续推广到山东各个根据地。

# 四　在解放战争中立下赫赫战功

抗日战争胜利以后，罗荣桓收到中央《关于迅速派兵进入东北、控制广大乡村的指示》，奉命调兵遣将 6 万余人北上东北。1945 年 10 月 31 日，罗荣桓在北上途中接到了中共中央发出的关于组建东北人民自治军的命令，任命林彪为总司令，彭真、罗荣桓为第一、第二政治委员。在局势瞬息万变的情况下，罗荣桓开始了在东北的紧张工作。

在东北，部队和干部来自各个方面、各个地区，隶属关系不断变更，担负任务时有变化，带来了一个如何加强统一领导，克服本位主义、山头主义、宗派主义的问题。对这些问题，罗荣桓十分关注，时时处处都注意抓维护和增强各部队之间、各地区干部之间，

---

① 罗荣桓：《反对敌人"五次治强运动"与新国民运动》。

以及总部机关与各部队、各地区干部之间的团结问题。1945年12月22日，罗荣桓专门致电各部队，要求各部队一定要加强团结，相互支持，并特别指出：先到东北的部队应照顾全局，竭力帮助后到的部队，主力部队应以最谦虚的态度去团结扶助新编成的部队。

因长期操劳，1946年1月间，罗荣桓病情恶化，被确诊为肾癌。但他仍抱病坚持工作，1946年参与制定了《东北的形势与任务》，简称《七七决议》。《七七决议》确定了中共在东北的工作方针和作战方针，对统一东北地区全党全军的思想，起到了重大作用。《七七决议》发布后，罗荣桓夫妇去莫斯科治病，在动完手术后，强忍着身体的不适，谢绝了去南俄疗养，回国立即投入战斗。

1947年6月，罗荣桓回到了哈尔滨。从这时起，罗荣桓除参加东北局的集体领导，参与重大战役的指挥外，作为东北民主联军的副政治委员，他还着力进行了许多重大工作。1948年8月14日，为了适应部队南下后的工作需要，中央军委批准东北军区和野战军分开，罗荣桓任野战军政治委员兼东北军区第一副政委。9月12日至11月2日，林彪和罗荣桓领导东北野战军进行了辽沈战役，攻克锦州，解放沈阳，歼敌47万余人，东北全境获得解放。11月19日，罗荣桓根据中央军委命令，动员部队立即入关作战。11月27日，部队解放山海关、秦皇岛。1948年12月20日至1949年2月3日，林彪和罗荣桓领导部队参加了平津战役，共歼灭和改编敌军52万余人。1949年6月，根据中央决定，成立了中央华中局及华中军区，罗荣桓任华中局第二书记兼华中军区政治委员。

## 五　参加军队的正规化建设

1949年9月21日，罗荣桓出席了政治协商会议第一届全国委员会第一次会议，当选为中央人民政府委员，并被任命为最高检察署检察长。接着，他在参加了开国大典后，便忙于抓检察署的机构建设，从部队调了一批干部，建立了全国和各省市的检察机关。由于罗荣桓从红军建军起，便从事政治工作，亲自参加了创建解放军一整套政治工作制度的实践，积累了丰富的经验，在党内和军内有崇高的威望，1950年4月，中央决定由他出任总政治部主任，并指定他负责筹建总干部管理部，由他兼任部长。于是，他便请李六如、蓝公武副检察长多管一些检察署的工作，而将自己的主要精力放在军队建设方面。

### 1. 参与领导军队精简整编

1949年底，解放军已发展到550万人，但是除了少量海、空军和特种兵外，绝大部分是步兵。部队一方面是数量太多，与和平建设时期不相适应；另一方面是单一陆军，现代化程度很低，与现代战争不相适应。因此，部队按中央要求既要精简150万人，使总的数量不超过400万，又要加强各军兵种的建设。总政和总干在罗荣桓的领导下，会同总参谋部，从1950年下半年开始，便通盘筹划和领导了部队整编，以及调配干部组建军兵种的重任。为了能顺利而妥善地搞好整编复员，罗荣桓请萧华等首先组织总政机关对部队进行了调查研究。他让总政机关起草了《关于部队整编复员的政治指示》，要求各级领导机关首先要做深入的思想动员，使指战员懂得，紧缩部队编制是为了减轻人民负担，克服当前的财政困难，有利于国民经济的根本好转，同时也是为了从根本上加强军队的建设。《指示》号召广大指战员，留在部队的要做保卫祖国的好战士，转到地方的要做模范公民，在生产建设中起带头作用。由于方针正确，工作细致，在几个月内，全军顺利地完成了近100万人复员、转业的巨大工作，并为以后几年整编部队的工作提供了宝贵的经验。

### 2. 参与领导全军和各军兵种领导机关建设

从新中国成立伊始，解放军在原来陆军步兵的基础上，陆续组建了空军、海军、炮兵、装甲兵、防空部队、公安部队、工程兵、铁道兵、防化兵、通信兵的领导机关及部队，需要大批领导干部和各类技术干部。这些干部主要依靠解放军自己培训。因此，兴办各类军事学校便提到议事日程上来。

以培训师、团以上领导干部为目标，1951 年 1 月成立了军事学院，1953 年 1 月成立了总高级步兵学校，1953 年 2 月成立了后勤学院，1956 年 3 月成立了政治学院。为了培育高级军事工程人才，1953 年 9 月成立了军事工程学院。为了培养各级各类技术干部，又先后成立了航空、海军、炮兵、装甲兵、防空兵、工程兵、通信、测绘、军需、军械、军医、兽医等各级各类技术院校。

无论是建立各级领导机关和各军兵种，还是兴办院校，关键是要首先配备好这些单位和部门的领导干部。罗荣桓作为总干部管理部部长，及时就军队各领导机关和院校高级干部的升迁调补，向中央军委和毛泽东反映情况，提出建议，从而成为军委在"用干部"这件事上的得力助手。

为了使领导机关能够迅速熟悉和掌握在不同地区作战的各部队的历史和现实状况，交流各部队的经验，在配备干部时，罗荣桓在坚持"德才兼备"条件的同时，特别注意掌握"五湖四海"的原则，并征求从各野战军调来的部长们的意见，力求照顾到各个野战军以及历史上各个大军区和各个方面军的干部。按照这样的要求，1951 年总干部管理部从全军抽调了 3 万多名干部，使各总部、各军兵种、各院校的领导机构迅速而妥善地建立和健全起来。

为了正确地使用干部，罗荣桓要求各级领导干部和干部工作部门，要全面地考核了解干部，要有联系群众、公道正派的作风。他历来非常重视选拔新生力量，要求大胆破格地提拔那些德才兼备的年轻干部，而不要受资历的限制。1950 年和 1951 年，为了培养各类专业人才，加速人民解放军现代化正规化建设，在罗荣桓的倡议下，在抗美援朝中号召大中学生参加军事学校，吸收了大量青年知识分子，他们中很多人后来成为军队建设的骨干。

### 3. 向文化进军，提高部队素质

建设现代化的军队，必须提高指战员的军事素养。罗荣桓从当时解放军的实际状况出发，认为要提高部队的军事素养，首先要抓文化教育。新中国成立之初，解放军指战员主要来自旧社会的工农，绝大多数人没有读书识字的机会，参加革命后，在炮火连天的战争岁月，虽然也学了一些文化，但零零碎碎，不成系统。因此，在新中国成立初期，指战员的文化水平普遍偏低。据统计，在战士中初小以下文化程度的占 80%；在干部中，高小以下文化程度的占 68%，其中文盲和半文盲就占了 30%。不少连队找个文书、司务长都很困难。部队装备了一些新式武器，干部战士学习技术也很吃力。这种文化水平低的状况与现代化建军的要求，显然是一个突出矛盾。

为此，罗荣桓在 1950 年主持总政制定了《关于在军队中实施文化教育的指示》，经毛泽东审阅并详细修改后，于 8 月 1 日由毛泽东签署颁发全军。决定全军除执行规定的作战任务和生产任务外，必须在一个相当长的时期内，着重学习文化，以提高文化为首要任务。《指示》规定部队文化教育的方针是："速成的、联系实际的、但又是正规的。"其中"但又是正规的"6 个字为毛泽东所加。这个方针要求部队要从实际出发，在较短的时间内，学到实际有用的而又较系统的文化知识。

为了保证向文化进军这项战略任务的胜利完成，罗荣桓领导总政治部在全军各级政治机关进行了深入细致的、规模巨大的思想动员工作，"建军备战学文化"成为深入人心的口号。在很短时间内，全军调配了文化教员 5 万多人，陆续开办了速成小学 200 多所，速成中学 60 多所，抽调大批骨干包括有丰富战斗经验的老干部和英雄模范离职学习。在职人员也按文化水平组织不同班次参加学习。总政治部统一制定了具体的教育实施方案，编印了几百万册各种文化学习课本，连学习用的纸张、黑板等物资也都做了具体安排。

在向文化进军中，罗荣桓始终抓住干部这个重点。除了各级速成学校吸收大批干部学文化以外，1953 年底，根据罗荣桓的建议，军委专门开办了一个高干文化班，轮训了一批军以上高级干部。到了 1953 年，经过全军上下两年多的努力，部队文化水平状况发生了显著的变化。全军由原来 80% 人员是初小以下文化水平普遍达到初小毕业以上，干部绝大多数达到高小毕业至初中的水平。自 1953 年下半年后，文化教育逐步转入经常化，在巩固的基础上继续提高。

罗荣桓在领导"向文化进军"的同时，又抓了组织全军干部系统学习革命理论的工作。

新中国成立以后，军队进入了正规化、现代化建设的新阶段，只靠临时的突击性的时事政策教育和宣传鼓动就很不够了，还需要使广大干部懂得更多的革命理论，用以指导自己的思想和行动。

1950年底，总政治部召开了全军第一次宣教文化工作会议。罗荣桓在会上指出，必须在各级干部中有指导有系统地进行马列主义、毛泽东思想的政治理论教育。1951年1月，总政治部根据罗荣桓的意见，制定了部队政治教育的规划，规定把政治理论教育作为政治工作的一项主要任务，建立在职干部学习制度，加强学习领导。1951年11月，全军第二次宣传文化教育工作会议按照罗荣桓的意见，提出了"系统的、联系实际的、稳步前进的"干部理论教育方针。1953年6月，总政治部又发布了部队干部政治理论教育基本大纲。"大纲"要求有计划地学习中共党史，以党史为线索，系统地学习《毛泽东选集》。

为了解决部队中缺乏理论骨干的问题，总政治部在1951年和1954年先后开办了理论教员训练班和宣传干部训练班。有了正确的方针、明确的规划和一定数量的理论学习骨干，部队在向文化进军之后所掀起的学习理论高潮，取得了较好效果。

### 4. 创办政治干部学校

新中国成立以后，罗荣桓考虑，要在现代化正规化建设的新形势下，保持和发扬人民军队的光荣传统，做好政治工作，就必须有大批能适合军队现代化正规化建设需要的，具有一定的政治理论水平和文化科学知识的政治工作干部。培养这样的干部，像战争年代那样，仅仅依靠实际锻炼已经不够了。必须要有继承红大和抗大传统的，以培养各级政治干部为宗旨的院校。为此，1951年12月3日，罗荣桓和傅钟、萧华向毛泽东报告说：

为保存和提高政工干部，各大军区均要求成立一个能招收500

至 1000 学员的政治干部学校，专门培养营、连级政工干部，并要求军委开办一个轮训师、团级政工干部的高级政治干部学校。我们感到此事极为需要，特呈请审核批准。

第二天，毛泽东签署同意，周恩来、刘少奇、朱德都表示赞同。于是在罗荣桓领导下，筹办政治学院的工作便开展起来。首先，建立了由罗荣桓任主任、萧华和王宗槐等 7 人参加的筹备委员会。经过规划设计，1953 年 6 月 4 日，政治学院校址定在北京西郊永定路，并破土动工。罗荣桓指定莫文骅制定的《办院基本方案》在 8 月军委会议通过。1954 年 11 月 11 日，中央军委任命罗荣桓兼任政治学院院长。1955 年 2 月 19 日，政治学院速成系第一期举行开课仪式。

罗荣桓指出，政治学院的任务是培养合乎部队正规化建设和国家社会主义建设需要的高级政治干部。罗荣桓要求政治学院开展对我军现代化正规化建设新时期的政治工作的研究，将军队政治工作"在现有的基础上提高一步，把它更加充实起来，总结起来"，以适应部队现代化正规化建设的要求。他要求政治学院的领导主要是抓大政方针。他强调要培养和树立理论联系实际的良好学风，这是贯穿政治学院领导工作中的一条红线。针对学校学习的特点，罗荣桓提出，要特别注意防止教条主义。他认为，学习毛主席著作和学习马克思、恩格斯、列宁的著作一样，也不能采用教条主义的态度。应当学习马列主义的精神实质，而不是个别词句。

罗荣桓将这种学习方法归纳为"一条线五结合"：学习毛泽东著作以中共党史为线索；学习毛泽东著作和选读马克思、恩格斯、列宁、斯大林的主要著作相结合；学习毛泽东著作和学习当前国际国内形势与军队建设相结合；通读毛泽东著作和专题研究相结合；经常性理论教育和政治运动相结合。他提出"一条线"的学习方法正是为了从具体历史条件的背景下把握毛泽东思想的精神实质。

### 5. 强调学习苏军经验要切合中国军队实际

解放军的现代化正规化建设，同中国社会主义建设一样，开始没有经验。50 年代初期，苏联同中国友好，向中国出售较为现代化的装备，愿意帮助中国。因此中共中央号召"一定要把苏联先进经验学到手"。这一号召也适用于军队。学习苏军经验，对于解放军的现代化正规化建设有很大的作用。解放军从苏军那里学得了掌握较为现代化军事装备的军事技术和指挥、管理知识。

为了学习苏军经验，从1950年开始，总政和总干都聘请了苏联顾问。罗荣桓认为应按照毛泽东历来倡导的实事求是的原则，学习苏联经验一定要结合中国的实际，不能采取教条主义的态度。

1953年12月至1954年1月，由彭德怀主持召开了全国军事系统党的高级干部会议。会议经过认真充分的讨论，统一了认识，军队党的各级委员会必须坚持党委统一的集体领导下的首长分工负责制。1954年4月，经中共中央和中央军委批准，《中国人民解放军政治工作条例》正式颁布实行。《条例》总结了我军独有的丰富的建军经验，简明而系统地阐述了毛泽东提出的人民解放军一整套政治工作的方针和方法，对军队政治工作的性质、任务、职责、组织形式、工作作风以及与各方面的关系，都作了明确的规定。《中国人民解放军政治工作条例》的制定，是中国人民解放军历史上的一件大事，标志着军队现代化正规化建设迈出了学习外来经验与实践相结合的新的一步，保证了军队的现代化正规化建设有了一个正确的道路和方向。

《条例》颁布后，部队在现代化正规化建设中机械搬用外来经验而忽视自身光荣传统的现象仍时有发生。1955—1956年间，罗荣桓抱病到部队视察，亲自了解这方面的情况。他认为在实行正规化制度时，应当把军事工作中的高度集中统一和严格的军事命令同政治工作中的发扬民主紧密结合起来。作为军事指挥干部，为保证部队步调一致，必须采用行政命令的手段，而作为政治工作干部，则应强调说服教育和发扬民主。

1954年，中国人民解放军准备实行军衔制。这在人民军队历史上是第一次，是军队干部制度的一项重大改革。按照中共中央规定，授予元帅、大将军衔的人员名单由中央确定。当罗荣桓得知中共中央准备提名授予他元帅军衔时，他立即给党中央和毛泽东写信，恳切地请求不要授给他这样高的军衔。中央没有采纳他的意见。他和朱德、彭德怀等 10 位解放军高级将领，因对创建和领导人民武装力量、领导战役兵团作战功勋卓著，在 1955 年 9 月，经全国人民代表大会第二十二次会议决定，被授予元帅军衔。命令公布之后，他没有将这看成是个人的荣誉。他对总政治部的一些干部说："我是总政治部主任，给我授元帅衔，这主要是党中央和人民给予我们军队政治者的崇高荣誉。"

按干部任免权限，授予上将至少将军衔人员名单，由总干部部和总政干部部分别提出，报请中央军委批准。由总干部部和总政干部部负责提出名单的少将至上将共有 1000 余人。在评定军衔时，对这 1000 多名部队骨干，如何能做到公平合理，基本上符合本人状况，从而进一步调动广大干部的积极性，增强党内和军内的团结，是一件意义重大而又十分复杂细致的工作。面对这种情况，罗荣桓在评衔过程中始终不渝地坚持公道合理、实事求是，又照顾五湖四海的原则。对每人应授什么军衔，主要是根据评定时所任职务，对军队建设的贡献、战功和德才表现，并适当考虑个人资历，同时又作全面衡量。罗荣桓要求干部部门按上述原则，首先选出各类人员的标杆，然后按每个人的具体情况反复进行衡量比较，最后提出评定军衔等级的意见。对于拟授予中将、上将的 234 人，罗荣桓亲自主持逐一研究讨论。有了问题随时向军委请示，然后由他亲自提出名单。对一些级高而评衔相对偏低的干部，罗荣桓亲自与其谈话，做好说服解释工作，说明原委，引导他们正确认识自己，顾全大局，以个人利益服从革命利益。

1963 年 12 月 16 日罗荣桓病逝于北京。毛泽东作《七律·吊罗荣桓同志》给予高度评价。诗文如下："记得当年草上飞，红军队里每相违。长征不是难堪日，战锦方为大问题。斥鷃每闻欺大鸟，昆鸡长笑老鹰非。君今不幸离人世，国有疑难可问谁？"毛泽东一生写了很多诗词，怀念战友和亲人的作品却很少。《吊罗荣桓同志》这首七律诗中最后一句"国有疑难可问谁"，足以体现毛泽东对罗荣桓的深厚友情和非凡器重。

　　罗荣桓是中国人民解放军的创建人和领导人之一。在中国革命战争和人民军队建设的长期斗争中，罗荣桓关于人民军队建设、特别是关于军队政治工作的论述，关于人民战争战略战术的论述，对于毛泽东军事思想的丰富发展做出了重要贡献，成为毛泽东军事思想的重要组成部分。罗荣桓是人民军队功勋卓著的杰出领导人，是中国人民解放军政治工作的奠基人之一，被誉为思想政治工作的巨匠。在长期革命斗争与和平建设实践中，他始终把政治工作视为人民军队的生命线，把党对军队绝对领导作为政治工作的根本任务，为夯实中国共产党对人民军队绝对领导的组织根基做了大量开拓性工作，为人民军队政治工作的创建和发展建立了不朽功勋。

# 粟裕　人民军队的重要领导人

　　粟裕（1907—1984），无产阶级军事家，人民军队的主要领导人。作为人民军队的重要将领，粟裕在游击战、大兵团作战方面都有辉煌的战果。尤其难得的是，他善于对战争和战役进行理论总结，创造性地丰富了毛泽东的军事思想，丰富了人民军队的军事科学理论。粟裕不囿于成说，能够根据时代和环境的变化探索战争发展规律，为推进人民军队的现代化建设贡献了自己独特的智慧。

　　粟裕，先后参加南昌起义、湘南起义，后转战闽赣粤湘边与井冈山。在创建赣南、闽西革命根据地过程中，升任营长、团长、师长，红四军参谋长，红十一军参谋长等职。1934年7月，粟裕任红七军团参谋长。北上失利后在皖浙赣边区坚持三年游击战。抗战爆发后，粟裕任新四军江南指挥部副指挥、一师师长。解放战争期间，粟裕先后任华中野战军司令员、华东野战军副司令员、副政委，代司令员、代政委。

　　新中国成立后，先后任解放军副总参谋长、总参谋长。1955年被授予大将军衔。

　　1958年9月，被调至军事科学院任副院长。1972年11月任军事科学院第一政委、院党委第一书记。粟裕在军事科学院任职期间，还先后在军内外担任了其他重要领导职务。1958年9月粟裕任国防部副部长；1960年2月任军委军事训练与技术研究委员会副主任；1967年任国防工业军管小组组长；1967年3月到1968年3月及1975年1月到1982年9月，两度担任中共中央军事委员会常委等职。1970年国防工业军管小组撤销，粟裕到国务院业务组工作。1980年9月，被选为第五届全国人大常委会副委员长。

# 一 红军时期的战斗生涯

粟裕，幼名继业，学名多珍，湖南会同人，侗族，生于1907年。1925年入读湖南省立第二师范学校。1927年经组织介绍入叶挺的二十四师教导大队，任班长，同年由共青团员转为中共党员。先后参加南昌起义、湘南起义，后随朱德、陈毅转战闽赣粤湘边。井冈山革命斗争时期他先后任连指导员、连长。在创建赣南、闽西革命根据地过程中，因屡立战功，粟裕相继升任营长、团长、师长，红四军参谋长，红十一军参谋长，红七军团参谋长等职。1934年7月，寻淮洲、乐少华、粟裕等率红七军团组成北上抗日先遣队，向闽、浙、赣、皖等省进军。11月初，奉命转战至闽浙赣苏区，与当地部队共同组建红十军团，继续担任北上抗日先遣队的任务。11月下旬粟裕任红十军团参谋长。

方志敏、刘畴西、粟裕等人率红十军团北上抗日，部队行程3200多里，转战闽、浙、皖、赣4省几十个县。为此，蒋介石调兵遣将，以11个团20余万人，"围剿"红十军团。1934年12月14日，红十军团先在谭家桥地区与敌激战，但因国民党军兵力优势明显，寻淮洲等人壮烈牺牲。

1935年1月，红十军团余部在怀玉山遭敌人围歼，方志敏被俘，只有粟裕率小部分部队突围成功，部队被迫转入浙西南地区，进行游击作战。2—4月，粟裕与刘英一起建立了浙西南游击区，粟裕任挺进师（400余人）师长，刘英任政委。

红军北上抗日先遣队失利之后，粟裕率领少数指战员在浙赣边界从事艰苦的游击战。他分析了浙西南的情况，认为浙南与井冈山和中央苏区历次反"围剿"的情况是不同的，不能照搬过去经验。1936年底，蒋介石调集大批部队对粟裕所部进行第二次"围剿"，粟裕针对敌人的"大拉网"战术，采取了与敌人相向而进、异地而战的打法。你要我的山头，我要你的后方。在这一阶段，他总结出了游击战的六条原则：以最小的牺牲换取最大的胜利；不在消灭敌人，而在消磨敌人；支配敌人，掌握主动；积极进攻，绝少防御；飘忽不定，出没无常；越是敌人后方，越是容易成功。正是凭借这些游击战原则，在浙赣边界坚持了长达三年的游击战。

# 二 抗日游击战的卓越指挥者

抗日战争爆发后，根据国共合作达成的协议，粟裕所部被改编为新四军，粟裕先后任第二支队副司令员、先遣支队司令员、第二支队代司令员等职，率部挺进苏南，发动抗日游击战争。

1939 年 8 月，新四军江南指挥部成立，陈毅、粟裕任正、副指挥，负责指挥第一支队、第二支队及江南群众抗战。在坚持江南抗战，完成东进淞沪任务的同时，先后派新四军挺进纵队、苏皖支队北渡长江，在扬州、天长、六合、泰州地区开展游击作战，造成新四军足跨长江两岸，随时可向苏北发展的有利态势。

根据中共中央《放手发展抗日力量，抵抗反共顽固派的进攻》的指示，1940 年 7 月，新四军江南指挥部及其主力北渡长江，执行开辟苏北，发展华中抗战的战略任务。新四军苏北指挥部成立后，陈毅、粟裕分任正、副指挥，粟裕兼任参谋长。陈、粟指挥所部7000 余人很快打开苏北抗战局面，并东进黄桥，开辟以黄桥为中心的抗日根据地。10 月，在与顽军韩德勤的摩擦战中取胜后，与黄克诚率领的八路军南下部队胜利会师。至年底，我军控制了黄桥以北经海安到盐城的数百里范围内的几乎全部城镇，抗日民主根据地的党、政、军、民各项工作迅速展开，苏北、苏中抗日形势大为改观。

1941 年 1 月"皖南事变"后，粟裕任新四军第一师师长（后兼政委）兼苏中军区司令员（后兼政委），率领军民坚持艰苦卓绝的抗日游击战，在多年的游击战实践中，粟裕从事过山地游击战、平原水网游击战、海上游击战等多种类型的游击战，积累了十分丰富的经验。

粟裕认为，从形式上看游击战是各打各的，但是必须在统一意图下独立自主地进行。原则是积小胜为大胜，不贪多，哪怕只打死一个敌人，只缴一支枪都是好的。只要天天有胜利。① 对于游击队的战法，粟裕提出，要打夜战、近战、白刃战、伏击战、袭击战……这是由于武器装备等条件决定的。日本的武器精良，我方无法与其抗衡，只有近战、夜战、白刃战，才能避开敌人之长，击敌之短，打他个措手不及，使之处于被动。在打击对象和目标选择问题上，粟裕要求专打弱敌，或打敌人弱点，打运动中的敌人，一般不打驻止之敌。②

粟裕指出：游击战有着特殊的战术要领，游击队的动作要领是要常采取与敌人完全相反的行动，如敌进我退，敌集我散，敌大我避，敌小我欺；应该极尽欺诈之能事，以迷惑敌人，如声东击西，避实击虚，不要企图太大，只要常有小胜；敌人多路进攻时，我应位于其侧翼、后方和包围圈外面，不要被敌人合击了；不要暴露企图，行动秘密而飘忽，可以兜圈子，有大圈子、小圈子、"S"形圈子、"8"字形圈子，还可杀回马枪，也要警惕敌人会杀我们的回马枪；不论进攻或退却，均应坚决而迅速；胆欲大而心欲细；注意使用突然的白刃袭击。

游击战尽管是避实就虚，努力减少自身损失的一种特殊作战方式，但同样也有消耗，面临着力量补充的问题。针对这一问题，粟裕提出：游击队人员的补充，主要来源是广大劳动人民中热心爱国的青壮年。补充方法，一种是在居民中进行广泛深入的宣传工作，动员他们自愿加入基干游击队。另一种方法是，由地方居民自动组织不脱离生产的游击小组，经过相当时期后，再让小组的骨干加入基干游击队，或将许多小组合编成为新的基干游击支队。通过这种方式，游击队就能够源源不绝地补充有生力量。

除了人员补给，游击作战的物资补充也是一大难题。粟裕也总

① 《粟裕传》，当代中国出版社 2012 年版，第 113 页。
② 同上。

结了多种办法，他认为，游击队在敌后，不可能有固定后方，武器、物资的主要来源是靠从敌人手里去夺取，但必须同时注意加强供给工作。在缴获敌人大批弹药被服时，应即分散储藏，以备缺乏时补充。要建设自己的秘密修械处、制弹厂和被服厂，但应分散进行，不可聚集一处，以防敌人破坏。

从 1942 年开始，为了有效打击日军和国民党顽固势力，粟裕开展了两项大的运动，一是开展了改造地形的群众运动。苏中大部分为水网、半水网地区，相当一部分地区非舟楫不通，日伪军在扫荡过程中往往使用汽轮，行动比木船快得多。为了改善斗争条件，他领导苏中军民在河流上构筑明坝、暗坝、交通坝、阻塞坝。这样一来，我方的平底木船就畅通无阻，而对方的汽轮船因为吃水深，反而不易行动。二是他创造性地将大海作为活动的后方基地。在敌情严重时，将修械所、兵工厂、印刷厂、医院等后方机构放在海船上，将大海变成了新四军的军工生产基地、医疗基地和重要物资储备基地。

因为粟裕在游击战方面的突出贡献和成就，国民党第三战区部队对粟裕高超的游击战组织指挥艺术非常敬服，专门派人来请粟裕去传授游击战的经验。粟裕连续给他们讲了几个小时，有理论有战例，生动活泼，通俗深刻。一名川军师长感慨地说："粟司令，从前我对你们共产党的军队是有点瞧不起的。可是今天听了你的报告，我才知道你们的水平太高了。共产党里有你这样的人，难怪立于不败之地！以后还请多多关照。"①

到 1944 年，粟裕根据战场形势的变化，把领导抗日的重心由以坚持为主转为以发展为主，组织部队向日军展开局部反攻。8 月，发动了车桥战役，歼灭日伪军 1000 余人。接着粟裕率军打开苏南、浙西局面，并与浙东打通了联系。1945 年初，取得了天目山反顽战役的重大胜利，扩大了苏浙皖敌后新区，为发展东南沿海地区的抗日斗争扫除了障碍，并提前实现了我军由游击战到运动战的转变。

---

①　《粟裕传》，当代中国出版社 2012 年版，第 114 页。

1945年8月初，中共苏浙区委成立，粟裕任书记。8月15日，日本宣布无条件投降后，粟裕领导苏浙军民发起大反攻，先后收复了浙西、皖南、苏南大片领土，使苏浙解放区发展到北起京沪铁路，南至安吉、孝丰，东起太湖，西至宣（城）芜（湖）公路，总面积达10.8万多平方公里，人口约400多万。

# 三　兵团作战大师

1945年10月初，粟裕奉命率苏浙军区部队和地方干部撤至长江以北，任华中军区副司令员（张鼎丞任司令员）。11月，任华中野战军司令员，下设四个纵队。

同年10月，粟裕先后组织指挥了高邮、邵伯战役，收复运河沿线，歼日伪军9000余人。1946年1月，指挥发起陇海路东段战役，控制了该路东段150多公里，使华中与山东两战略区连成一片。

1946年6月下旬，蒋介石发动大规模内战，中原解放区首当其冲。根据中共中央军委的战略部署，7—8月间，粟裕、谭震林指挥中野主力8万余人，首战宣泰，再胜如南，三战海安，奇袭李堡、丁（捻）林（梓），攻黄桥救邵伯，一个半月连打七个胜仗，歼敌5万余人，并取得了对美械装备敌军作战的经验，完成了对敌战略侦察任务，为中共中央军委制订解放战争初期的战略方针提供了重要参考，大大鼓舞了解放区军民敢打必胜的信心。

10月，毛泽东为中共中央草拟给陈毅、张鼎丞、邓子恢、曾山、粟裕、谭震林的电报中明确指示，山东、华中两大野战军会合后，"在陈毅领导下，大政方针共同决定（你们六人经常在一起，以免往返电商贻误战机），战役指挥交粟负责。"①从此，粟裕挑起了华东野战军战役指挥的重担。

12月，粟裕刚刚结束指挥盐南战役，即协助陈毅指挥宿北战役，

---

① 原电藏中共中央军委档案馆。

歼国民党整编第 69 师 2.1 万余人。接着发起鲁南战役，歼美械装备的敌整编第 26 师等部，共 5.3 万余人。这两次大歼灭战，使华中、山东两大战略区实现了统一，成为华东战区第一个转折的开端。

1947 年 1 月下旬，新四军兼山东军区与华中军区合编为华东军区，山东野战军与华中野战军合并组成华东野战军。陈毅任司令员兼政委，粟裕任副司令员仍负责战役指挥，谭震林任副政委，下辖 11 个步兵纵队，两个特种兵纵队。2 月，国民党集中 23 个军采取南北对进大举进犯山东解放区。陈毅、粟裕等指挥部队迎头痛击，取得莱芜战役的胜利，歼敌 7 万余人，收复城市 13 座，使渤海、鲁中、胶东三个解放区再度连成一片，粉碎了国民党军实施南北夹击我军的企图。

国民党全面进攻失败后，于 3 月发动了对山东与陕北的重点进攻。在山东战场，国民党以 45 万兵力发动进攻，形势异常严峻。华东野战军从 4 月初到 5 月初，连续四次作战，时南时北，忽东忽西，有进有退，既打又撤，用高度机动回旋的战法来调动和迷惑敌人，最终于 5 月在蒙阴孟良崮山区全歼敌整编 74 师，共 3.2 万余人，使蒋介石痛心疾首，迫使各路敌军后撤。此战也显示了粟裕卓越的军事指挥艺术。

孟良崮战役后，粟裕等率华野主动出击。7 月华野兵分三路出击鲁西南。8 月，陈毅、粟裕率华野机关进入鲁西南，统一指挥在外线的八个纵队作战。9 月初，陈毅、粟裕指挥了沙土集战役，全歼敌整编第 57 师，标志着华野由战略防御转入战略进攻阶段。9 月下旬，陈、粟外线兵团连克 24 座县城，歼敌万余。

1947 年 11 月初，陈毅赴中共中央报告工作，粟裕独立担负起指挥华野作战的任务。同月，粟裕指挥华野发起陇海路破击战，破坏铁路 200 余公里，歼敌 1.1 万余人，威逼徐州。12 月，粟裕协同陈、谢兵团发起平汉路战役，歼敌 3.2 万余人，解放包括许昌在内的十余座城市。至此，华东野战军配合刘邓、陈谢大军粉碎了国民党在中原战场的全面防御体系。

1948 年初，中共中央军委电示粟裕，命其率华野三个纵队南渡长江，在南方数省执行宽大作战任务，以吸引敌军20—30个旅回防江南。4月18日，粟裕经慎重思考，向中央军委提出三个纵队暂不渡江，留在中原会同华野其他纵队和中原野战军一起打大歼灭战的建议。中央军委采纳了他的建议。中央决定，陈毅到中原局、中原军区工作，由粟裕代华野司令员兼政委。6月，粟裕又兼任皖苏军区司令员。

粟裕重任在肩，不负众望。1948年6—7月，粟裕发动了豫东战役，在中野的有力配合下，先克河南省会开封，歼敌9万余人。此战也是粟裕亲身经历的最复杂、最激烈、最艰苦的战役之一。

9月，粟裕即以18万兵力发起济南战役，攻克山东省会济南，歼敌10万余人，使华东、华北两大解放区连成一片，并由此拉开了我军与敌军在南线进行战略决战的序幕。

济南战役后的9月24日，粟裕向中央军委提出了"进行淮海战役"的建议。10月，根据中央决定，组成以邓小平为书记，刘伯承、陈毅、粟裕、谭震林为委员的淮海战役总前委，实现了中野与华野在这一重大战役中的统一领导。

11月，淮海战役发动，首歼黄百韬兵团等部共17个师；接着，粟裕直接指挥华东野战军钳制、阻止和追击、合围杜聿明集团30万人于徐州西南的陈官庄地区；钳制、阻击南线之李延年、刘汝明兵团；并抽出兵力参加中野围歼黄维兵团。1949年1月10日，全歼杜聿明集团，并乘势解放了江淮之间广大地区。毛泽东说："淮海战役，粟裕同志立了第一功。"

1949年1月，华野整编为第三野战军，陈毅任司令员兼政委，粟裕任副司令员兼第二副政委。2月，粟裕兼华东军区副司令员。4月，第三野战军组成中、东两个集团，南渡长江作战。4月23日，解放南京，宣告国民党统治结束。5月解放杭州。接着，粟裕精心组织指挥了淞沪战役，歼敌15万余人，解放上海。

从1946年到1949年的整个解放战争中，粟裕在华东、中原战场上纵横驰骋，成功组织指挥了一系列重大战役，充分显示了他善于指挥大兵团作战的卓越才能，丰富了我军大兵团作战的理论。

粟裕认为，经过战争初期的较量，主战场由解放区前沿转入纵深，战线进一步缩短，敌我双方兵力进一步集中，作战规模进一步扩大，战略战术也将发生新的变化，这是战争发展的必然趋势。在战役指导上，必须适应战争的新发展，进一步提高大兵团作战能力，加速技术兵种的建设，准备对付敌人更大规模的进攻，打更大规模的运动战、歼灭战。在作战指导思想上，粟裕特别强调树立大踏步进退的运动战思想和以歼灭敌人有生力量为主要目标的歼灭战思想。他说：本来，大踏步进退是运动战的特点之一。一切的走都是为了打，都是为了歼灭敌人，夺取战争主动权。大踏步后退，实际上也是大踏步前进，是进到另一个方向去歼灭敌人。

为提高大兵团作战能力，粟裕要求各级干部、特别是高级指挥员，要树立协同作战的整体观念，提高大兵团作战的指挥艺术，组织部队学习大兵团作战的战略战术，充实和改善战斗部队的兵员和装备。

粟裕在长期的战争实践中，总结了大兵团作战的 10 条经验：（1）运筹主力兵团大规模作战，战区指挥员要具有战略头脑、善于综观战争全局，敢于独立思考，把战役问题放到战略高度去考虑。通过战役胜利去实现统帅部的战略意图。（2）综合考虑战区内敌我双方的兵力兵器对比和行动企图、当面敌军各部的战斗力强弱和所处态势、民情和地理条件，以及战役发展各阶段间的前后关联等诸项因素，正确选择作战区域和攻歼目标，一切以便于歼敌为原则。（3）能动地创造和捕捉战机。战机通常是通过指挥得当，广泛机动，诱使敌人因应而创造出来的。因此，既要善于捕捉战机，更要善于创造战机。（4）指挥的重心应放在战役的转折点上。只要在有决定影响的环节上掌握了主动，就能确有把握取得战役全胜。指挥员应以极大精力，促使战役转折尽早来到。（5）善于集中兵力。集中兵力的关键是选择和判断作战的重点。要根据战役的发展变化，适时转运兵力，实行连续作战，求得一支部队顶几支用。这样，才能在战区总兵力对比敌强我弱的情况下，在决定性的时间和部位形成对敌优势。（6）战争规模的发展和战场态势的变化，必然引起作战方式的转变。战役指挥员要适时实施作战方式的转换，以及由此引起的战术技术上的改变。（7）根据各支参战部队的不同特长，加以恰当使用，或用于野战，或用于阻击，或用于攻坚，等等。同时，合理使用地方武装，与野战兵团密切配合，协同作战。（8）战役过程中和战役结束后，当敌情发生重大变化或出现新的战机时，要果断、巧妙地组织部队撤离战场，迅速转移。这不仅关系到与下一步作战任务的衔接，而且直接影响战役本身的成果。战役打得好，如果转移不当，也会转胜为败；战役进行得不顺利，但转移得当，也可以减少损失，改变不利态势。（9）大兵团作战要严密组织，参谋机关应成为军队行动的"发动机"。指挥员必须高度重视司令部的工作与建设，以保证首长和司令部的不间断指挥。（10）高度重视大兵团行动的后勤保障，特别要充分依靠战区内党和政权组织，动员广大群众支援前线，保证部队供应。

## 四　致力于人民军队的正规化、现代化建设

1951年1月，粟裕任人民革命军事委员会副总参谋长。1954年11月，任解放军总参谋长。从此，担负起主持总参谋部全盘工作的重任。1955年被授予大将军衔。同时荣获一级八一勋章、一级独立自由勋章、一级解放勋章。

在中共中央和中央军委的统一领导下，粟裕参与领导了总参谋部在指导军队支持恢复国民经济和社会改革，进行抗美援朝，解放沿海岛屿、执行剿匪平叛任务的同时，按照正规化、现代化建设的要求，进行了军队精简整编，组织体制改革，诸军种兵种合成军队建设，正规化制度建设，部队军事训练和干部培养教育，国防工程建设，司令部和后勤部的组织与建设，以及民兵预备役部队建设等诸多工作，为推进人民军队的正规化、现代化建设鞠躬尽瘁。

### 1. 致力于未来反侵略战争规律的探讨

粟裕担任总参谋长后，领导所属对国际、国内和我军的情况进行了深入的调查研究，为 1956 年 3 月中央军委制定积极防御的战略方针提供了重要依据。在此以后，他又为进一步完善和具体贯彻执行积极防御的战略方针，提出了许多意见，做了大量积极而有效的工作。粟裕认为，设防必须从国家的经济力量、国防力量和未来反侵略战争的实际需要出发，通盘规划，确定重点。他要求军事系统有关部门，从加强国防的角度，结合国民经济计划、农业发展纲要，提出有关交通运输、通信联络、防护林培植、路障水障建设、重要城市防卫、战略要地建设等各方面的计划，使国防建设与国民经济计划衔接起来。

粟裕认为现代生产和科学技术的发展，以及由此引起的武器装备的发展，使未来反侵略战争将极大地不同于以往的战争。因此，我们必须研究战争的新情况和新规律。他认为，世界已进入原子时代，在今后的战争中，敌人可能使用原子武器，这是我们必须有所认识和准备的。但是不论原子武器或其他新式武器都有它的局限性。在我们还没有能力以原子弹进攻来对付敌人的原子弹袭击的情况下，应准备打一场原子武器威胁下的常规战争。

粟裕强调国家防务建设要在以下几个方面统一认识，加强工作：第一，思想要有准备，要未雨绸缪。第二，组织上要有充分准备，抓好干部训练，高级干部要学会指挥大兵团作战。第三，提高部队的科学文化水平。我军如果不能掌握新科学、新技术，就要被动挨打。第四，要搞国防工程，重点设防。第五，要改善装备，不能只搞人员不搞装备，兵不在多而在精，把节省下来的钱，用于发展装备。第六，在强调人的因素为前提的条件下，加强后勤保障。第七，军队建设服从大局，服从国家建设。第八，加强人民武装建设，要寓兵于民，做到平战结合，军民结合，减少常备军，加强基干民兵建设。

1955 年 12 月 31 日，粟裕在向军委的建议中提出："为使我军主力的绝大部分能够机动作战，在战时成为强大的突击兵团，不致陷于处处设防、分兵把口而造成被动，平时必须将国防第一线的守备部队编组起来，其守备兵力一般地不应超过各该地区总兵力的×分之一"。他强调守备人员不宜过多，"主要是加强火炮和工事构筑，既能节约兵力又有坚强的守备力量"。同时他还强调要明确守备区与当地海军、陆军野战部队及友邻守备区、要塞的关系及任务区分，实现战区的统一指挥。①

粟裕强调要加强机械化部队的建设。他提出："将国防前线第一线守备部队编成后，则我军主力绝大部分可以摆脱平时的守备任务，成为各该军区的机动兵团。但在原子武器条件下，如单靠徒步的陆军步兵、炮兵部队，是不能适应战时的紧张情况。为此，我们应考虑在全军现有的坦克部队中抽出一定的数量，组成×至×个坦克师，作为快速部队的基础，到一定时候，附以汽车载运之步兵部队和牵引的炮兵，即可成为机械化部队"。②

他在 1956 年 3 月军委扩大会议上又强调说："我要对组建机动兵团提出一点建议。在使用原子武器条件下，坦克机械化部队在战争中的地位将更加重要，不论进攻或防御，都要求军队具有高速度的强大的机动突击力量"，"如敌于实施原子突击后，以大量坦克机械化部队和空降部队同时登陆与着陆发展进攻，我仅靠徒步步兵及其配属的少量坦克，将无法迅速堵住由原子爆炸而形成的缺口"。为了应付可能的突然事变，"建议将现有坦克部队作适当调整，再组建一些坦克师团，作为统帅部的机动突击力量"。他最后说："我们采取这样的编组，可使统帅部握有拳头，也增强了方面军的机动突击力量，这样也符合毛主席集中主要力量使用于主要方向的战略指导原则。"

1956 年 11 月 4 日，粟裕给中共中央、中央军委呈送了关于军

① 《粟裕传》，当代中国出版社 2012 年版，第 511 页。
② 同上。

队建设的报告。再次提出"应在全国主要战略方向，组建一定数量具有防原子辐射和冲击波杀伤能力而机动性较大的装甲兵团，以便在敌实施登陆作战时进行反击，并迅速堵住由原子爆炸而形成的缺口"。

### 2. 尽心竭力于海、空军和陆军特种兵建设

作为长期指挥大兵团作战的指挥员，粟裕一直期望有朝一日将我军建成诸军、兵种合成的现代化军队。到总参工作后，分管军、兵种建设，为把人民解放军建成诸军、兵种合成军队，他经常找诸军、兵种领导人研究兵种建设中的问题。基于对未来反侵略战争特点的分析，从我国实际情况出发，粟裕逐步形成了在积极发展诸军、兵种的同时优先发展空军的思想。

1952年7月20日，粟裕给毛泽东写报告，对建设航空工业与空军建设提出具体意见。报告分析了一旦战争爆发可能出现的情况和空军的任务之后说："我国空军建立不久，且工业尚未发达。但应加强我们的空军力量，否则我们虽有强大的陆军及其无比强大的后备力量，却难以发挥其强大的作战能力，更难确保我国工业建设的安全。"粟裕在报告中直抒己见：建议军委对建设航空工业的方针，迅速作明确的决定。不论朝鲜何时停战，似以早下决心为宜，我如不以大力建设航空工业，则自造飞机固无法解决，即目前教练机与备份零件之来源亦大成问题，且现有各部队飞机亦将逐渐停飞，如今后数年内战争再起，我国亦将等于没有飞机。[①]

粟裕提出：我国海空军尚年轻，今后应主要以加强海空军为主。而最近10年或10余年内尤以加强空军为主。粟裕还在《在原子时代关于陆海空军军事建设方针的建议》的报告中建议："为了比较有效地对付敌人的原子袭击，保卫我国的社会主义建设，使我国工业在战时仍能发展生产和再生产，为了掩护我国的强大陆军有效地进行防御和顺利地开展进攻，以发挥其应有作用，以及为了掩护海军

---

① 《粟裕传》，当代中国出版社2012年版，第490页。

的作战和活动，均须有足够的空军参加作战，为此，建设一支比较强大的空军和国土防空力量，应成为全军建设的中心环节。"①

对于海军建设，粟裕同样很重视。他认为我国是一个大国，有相当长的海岸线，需要建设一定数量的适合于我国具体情况和适宜今后作战的坚强海上力量。目前海军舰艇的建设应有重点，应于沿海各地多建造一些中小型或临时的基地，既能保存我海军有生力量，又能多方出击，集中对敌，使敌防不胜防。

对于陆军特种兵建设，粟裕主张裁减步兵，大力发展炮兵、装甲兵、工程兵、通信兵、防化兵等技术兵种。在陆军各技术兵种中，尤其要重视发展炮兵和装甲兵，进而组建陆军的机械化部队。

### 3. 着眼于提高部队的军政素质，把干部培养和军事训练摆在战略地位

他首先注意各级各类军事学校的建立和整顿。通过新建、整顿和调整，到1958年，人民解放军初步形成了诸军、兵种院校齐全的初、中、高级院校相衔接的军官培训体系。粟裕积极提倡干部在职学习和集训，提出加强司令部工作和参谋业务建设，加强合成军队训练，并于1954年组织了全军高级指挥员战役法集训。

### 4. 积极致力于军制的改革和完善

他在总参工作期间，在中央军委领导下，参与了一系列军制的改革与建设的具体组织领导工作。1954年4月7日，中共中央政治局扩大会议决定撤销大区一级党政机构。中央军委则决定撤销与各大区相当的军区机构，并确定由粟裕负责会同有关方面研究提出重新划分全国军区的方案，提交在年底召开的军委扩大会议讨论决定。从1954年6月起，粟裕就重新划分军区问题进行了调查研究。

1955年1月14日，在军委第十七次会议上，粟裕汇报了经过各单位领导同志讨论的重新划分军区的方案。12月17—29日军委召开

---

① 《粟裕传》，当代中国出版社2012年版，第491页。

扩大会议，粟裕说："为了应付敌人的突然袭击和今后更复杂的战争情况，要求指挥的高度集中统一和各战区、各兵种的密切配合协同，平时组织即须为战时作准备。""因此须以敌人兵力及其可能进攻的方向、地形条件、交通状况以及我军的战略意图、作战方向和今后战争可能发展的趋势，作为军区划分的主要依据。为使军区划分符合今后作战的要求，并力求减少层次，使上级意图能迅速下达到部队"，"精简机构，减少冗员，使领导机关深入下层，克服官僚主义，统一调配全军干部，充实军委各部和加强前方部队，同时抽出大批干部入学受训，并从目前建军和今后作战着眼，求得战术思想的完全一致"。

总之，粟裕在总参工作期间，为新中国人民军队的正规化、现代化建设，做了大量卓有成效的工作，做出了重要贡献。

# 五　忍辱负重，为人民军队建设操劳

1958年夏，粟裕在所谓反教条主义斗争中受到错误批评。9月，被调至军事科学院任副院长。1972年11月任军事科学院第一政委、院党委第一书记。在军事科学院工作期间，他积极协助叶剑英做好创建工作，参与制订了军事科学研究的方针、原则和方法，建设了一支学术研究队伍，培养了一批科研人才，取得了一批科研成果，为发展我国的军事科学做出了开拓性贡献。

粟裕在军事科学院工作期间，还先后在军内外担任了其他重要领导职务。1958年9月任国防部副部长；1960年2月任军委军事训练与技术研究委员会副主任；1967年任国防工业军管小组组长；1967年3月到1968年3月及1975年1月到1982年9月，两度担任中共中央军事委员会常务委员等职。1970年国防工业军管小组撤销，粟裕到国务院业务组工作，分工负责铁路、交通、邮电、造船和港口建设等工作。1980年9月，被选为第五届全国人大常委会副委员长。

虽然这一时期党内外、军内外情况异常复杂，有时他自身的处境也十分困难，但他始终坚持实事求是、理论联系实际、一切从实际出发的思想路线，对国家防务和我军在现代战争中面临的许多新课题，进行了艰苦的有价值的探索和研究。经过实地考察，他对我国东南沿海、西北、华北的防务提出了诸多建设性的建议。结合对国际形势和国外军队情况的研究，他对在未来反侵略战争中如何贯彻执行积极防御的战略方针，如何建成我国的积极防御体系，以及采用什么样的作战方法等问题，形成了许多重要的思想和观点。

比如战争转折说，就是粟裕总结出的重要创见。粟裕认为，战争进程中的转折，包括三个层次，即战略转折、战区转折和战役转折。他提出：在战争全局的转折和战役的转折这两个高低不同层次之间，还存在着一个层次，就是战区的转折。因为中国是一个大国，在全国性的战争中，必须划定几个战区。拿华东战区来说，人口、面积相当于一个中等国家，华东我军兵力也相当于一个中等国家战时兵力，在中央总的战略方针下，有相对独立自主的一面。在这个战区内，根据敌我双方的变化，（战局的发展）又形成若干段落。在这一个段落与下一个段落之间，形成了战区的转折。这时，战争的许多方面，如作战对象、作战地域、作战规模、作战方法会发生变化，各方面的关系表现得错综复杂。作为一个战区的指挥员，要注重各个段落之间的转折。这是在战区指挥上最不容易掌握的时节。这一战区转折理论，加上他的战略转折理论和战役转折理论，构成粟裕的战争转折理论，成为他对军事科学的独创性贡献。

1973 年 2 月 22 日，粟裕向毛泽东、中共中央、中央军委呈送了他关于未来反侵略作战意见的第一个报告。1974 年 12 月 25 日又向毛泽东主席呈送了他的第二个报告。粟裕在这两份报告中，除了提出对未来反侵略战争作战方向的设想外，还不顾个人安危，针对现实状况，就我军的作战指导思想提出了具体意见。他从现代战争形势的需要出发，认为在未来反侵略战争中，我党处在全国的领导地位，我军已由单一军兵种发展为诸军兵种的合成军队，同时我们的武器装备在一定时期里仍将落后于敌人，为此，我们必须面对这些现实，以辩证的、发展的观点，重新研究我军的作战指导思想和某些作战原则。

粉碎"四人帮"后，粟裕加紧了对未来反侵略战争的研究，他的许多思想和观点得到了比较充分的表述。他多次在会议上或专题报告里向中央军委提出自己的看法和意见，并继续进行深入的研究。

1978年1月2日，粟裕向军委主要领导报送了《有关战争初期作战问题的几点意见》。这是他多年来就未来反侵略战争初期作战思考的结晶。在这个报告里，他大胆提出了许多与传统观点不同的看法和建议，如决战的地域，阵地战的地位和作用，平原地区要不要堆砌人造山等，他都根据新的情况，提出了自己的看法。该报告分为三个部分，一为战略布局，二是作战方法，三是作战准备。

关于战略布局。粟裕提出部署要突出重点，形成拳头，确定防守要点，要从战略全局着眼。战略布局要尽可能地预见和照顾到以后作战阶段的发展和变化，解决好战区接合部的指挥关系。

关于作战方法。粟裕认为最根本的是靠人民战争。战争初期，必须按照积极防御的战略方针，把坚守要点与诱敌深入、重点守备与机动作战、正面作战与敌后作战紧密地结合起来，充分发挥野战军、地方军和广大民兵三结合武装力量的整体威力，灵活地使用和变换战术，不拘一格，把仗打活。

对于具体作战准备。粟裕提出，各军兵种特别是海空军的疏散隐蔽和对空作战问题，要下很大功夫研究落实。为保障战时机动，要增修一些铁路、公路和水下隧道。工事要着眼于能够对付敌人大量坦克进攻，不只是藏，尤其重要的是打。坑道工事要解决火炮发射的排烟、消震问题，使火炮能够在坑道口内发射，在关键时刻不致中断射击。他对20世纪60年代军委和毛泽东主张的平原堆山工程提出了不同看法。认为："平原堆山目标大，耗费多，又易为敌封锁或绕过，可结合农田水利建设，修堤坝，挖沟渠，在堤坝上设置火力点。"

中共十一届三中全会刚开过，他即于1979年1月在军事科学院和中央党校做了题为《对未来反侵略战争初期作战方法几个问题的探讨》的报告。他提出未来反侵略作战，要对我军传统战法有所突破，研究出一些新的打法。"要把战场建设提到战略高度来对待。"最后，他针对当时军事学术思想还不够活跃的情况提出："活跃军事学术思想是发展我军战略战术的重要条件。"他说："毛泽东同志指导战争的基本原则仍然适合今天的客观情况，但是，也必须结合实际灵活运用，有的原则已经不适合今后战争实际的，应当敢于突破；至于限于历史条件，毛泽东同志没有提出的，没有讲过的，而在今后战争中又是必须解决和回答的问题，则要敢于创新，敢于发展。"粟裕的这些讲话在当时引起很大的反响。

粟裕在革命战争中负有重伤，晚年又身染多种疾病。1984 年 2 月 5 日，医治无效，病逝于北京。粟裕于 1958 年军委扩大会议期间受到极不公正的批判，直至其去世 10 年后的 1994 年才被完全平反。

　　粟裕经历长期的革命战争，有着丰富的战争指挥经验。在游击战方面，粟裕突破了传统的山地游击战的束缚，探索出在河川水网、平原、海上实施游击战的新方式。在大兵团作战方面，粟裕总结出了一系列战略战术原则，尤其是战争分期与转折问题的深刻认识，让人们对战争的认识上升到了一个新的层次。粟裕重视技术兵种建设，解放战争时期将炮兵作为建设的重点，新中国成立后又将空军作为建设的主要方向，这些都切合当时战争与国防需要，具有远见卓识。粟裕分析和解决战争问题的方法论，以及对战争规律的认识和理解，对我军军事现代化建设具有极其重要的价值和意义。

# 陈赓 人民军队的卓越军事家

陈赓（1903—1961），无产阶级军事家，中国人民解放军的优秀领导者。陈赓作为人民军队的卓越领导人，在作战中，他极为注重战术的运用，善打巧仗。陈赓将伏击战运用得炉火纯青、出神入化，他还创造性地发展了敌后围困战，成为抗战时期敌后作战的新模式。陈赓改革了坑道战术，使坑道战术从纯粹防御方式发展为攻守兼备的作战方式。他创立的哈尔滨军事工程学院，更是成为培养人民军队指挥人才和技术人才的摇篮，为我国国防现代化建设做出了重要贡献。

　　陈赓，早年入黄埔军校第一期学习。1927 年 8 月参加南昌起义。自 1928 年起，主持中共中央特科的情报工作。1931 年 9 月赴鄂豫皖苏区，任红四方面军的团长、师长。长征中任红军干部团团长，到陕北后任陕甘支队第十三大队队长，红一军团第一师师长。抗日战争爆发后，任八路军一二九师三八六旅旅长。1940 年任太岳军区司令员，次年任太岳纵队司令员。1946 年 7 月，率第四纵队和太岳军区部队展开作战。1949 年任解放军第四兵团司令员兼政委。

　　新中国成立后，历任西南军区副司令员兼云南军区司令员，云南省人民政府主席。1950 年 7 月应邀至越南，帮助越南军民进行抗法斗争。1951 年参加抗美援朝，任志愿军副司令员兼第三兵团司令员、政委。1952 年 6 月回国，筹办并任解放军军事工程学院院长兼政委。1954 年 10 月，任中国人民解放军副总参谋长兼国防科委副主任。1955 年被授予大将军衔。1959 年 9 月任国防部副部长。

# 一　浴血长征的干部团团长

陈赓，原名陈庶康，1903 年 2 月 27 日生于湖南湘乡市龙洞乡泉湖村。陈赓早年入湘军当兵，1921 年脱离湘军，到长沙铁路局当办事员，次年加入中国共产党。1924 年 5 月考入黄埔军校第一期，毕业后留校任连长、副队长，参加了平定商团和讨伐陈炯明的东征等战斗。1925 年 10 月，在广东国民政府第二次东征时，将蒋介石从前线救出。1926 年秋，被派到苏联学习，次年初回国。1927 年 8 月参加南昌起义，到贺龙部队任营长。南昌起义失败后，由香港转赴上海。自 1928 年起，主持中共中央特科的情报工作。1931 年 9 月，陈赓赴鄂豫皖苏区，任中国工农红军第四方面军的团长、师长。1932 年因负重伤秘密到上海就医。1933 年 3 月被捕，由上海解往南昌，严词拒绝了蒋介石的高官厚禄。后经中共和宋庆龄等营救，脱险后到中央苏区，任彭（湃）杨（殷）步兵学校校长。

1934 年 10 月长征前夕，中革军委决定将苏区的 4 所红军学校合并组成干部团，陈赓任团长。干部团下设 4 个步兵营和 1 个上级干部队（简称"上干队"）。一营、二营是由红军第一、第二步兵学校连、排长级干部学员组成；三营是政治营，由红军第一、第二步兵学校政治科的连队指导员、机关干事学员组成；四营为特科营，由培养炮兵、工程兵、机枪干部的特科学校学员编成；"上干队"则由培养营团军政干部的红军大学学员编成，战士都是团、营级军政干部，队长为萧劲光。

干部团不仅有精兵良将，装备也是格外不同，每人配有一长一短两支枪，很多人甚至装备冲锋步枪，再配以缴获的钢盔。作为红军中一支精锐部队，长征开始后为军委纵队担当前卫和沿途警戒、掩护任务。长征初期，干部团参战的机会不多，湘江血战之后，这支千余人的部队才在战斗中崭露头角。

陈赓率领干部团打的第一场大仗便是力挽狂澜的生死之战。遵义会议后，红军挥师北上，与川军郭勋祺部陷入苦战。当时，敌人攻至土城军委指挥部的前沿，土城背后就是赤水，在背水一战的危局下，红一方面军总司令朱德都被迫身先士卒投入战斗，毛泽东不得不急令干部团加入战斗。陈赓率干部团奋勇冲锋，前仆后继，以至于毛泽东在看到川军凶猛的进攻被压下去后也兴奋地说："这个陈赓，可以当个军长！"但战后他也深深感到，干部团的学员是红军宝贵的财富，以后要谨慎使用。但不久，红军在与国民党吴奇伟部战斗中陷入僵持，陈赓率领干部团挺身而出，成功逆转了战场形势，吴奇伟部一直被追到乌江边，并惊慌失措地砍断浮桥以逃生，结果使自己的后卫部队 3000 余人成了红军的俘虏。

1935 年 4 月底，红军佯攻昆明，诱使防守金沙江的滇军回援，以便抓住这稍纵即逝的战机迅速渡江。周恩来亲自给干部团下达了作战命令。为了夺取威胁渡口安全的通安县城，陈赓率领后梯队不得不在陡峭狭窄的山路上急行军。山路的一边是敌人猛烈的火力，另一边是万丈绝壁。陈赓率干部团到达后，经一番激战，仅以 4 死 6 伤的代价占领了该县城，以至川军一听到头戴钢盔的红军和那个戴眼镜的"司令"（陈赓）便望风而逃。刘伯承战后也感叹道："干部团的同志怎么能一天走这么远的路呢？他们走到了，还打了胜仗，靠的是什么？靠觉悟，靠党。"

1935 年 6 月，中央红军和红四方面军胜利会师后，中革军委于 7 月下旬决定将干部团与红四方面军的军事学校合并成立红军大学，许多学员被补充到其他主力部队担任干部。长征到达陕北后，原干部团和陕甘红军学校合并，组成中国工农红军学校，干部团完成了其历史使命。① 而从战火硝烟中磨炼出的干部团人才辈出，除了陈赓与萧劲光这两位大将之外，其他如莫文骅、宋任穷、宋时轮、周士第、苏进、韦国清等人也都成为人民军队的著名战将。

---

① 常国良：《长征中的干部团》，《解放军报》2011 年 8 月 22 日。

# 二　以伏击与围困创新敌后游击战术

抗战时期，陈赓率领的三八六旅享誉全国。与一般将领不同的是，陈赓善打巧仗，不轻易与敌人硬碰硬，尤其是他对伏击战的运用，更是出神入化。抗战期间，他指挥的几次伏击战，都大获成功，成为抗战中八路军的经典之战。1937年10月，陈赓率三八六旅进抵山西平定地区，当时日军正猛攻娘子关。为配合娘子关国民党军正面战场，刘伯承率一二九师于10月22—28日，先后在长生口、东石门、马山村、七亘村连续作战打击日寇。其中以陈赓两次设伏七亘村战果最为显著。

七亘村是理想的伏击战场，它是井（陉）平（定）小道的必经之地，从七亘村往东到石门，正好是10里峡谷，谷深数十米，底宽不足3米，地势十分险峻。三八六旅经过实地调查，选中了这个伏击阵地。10月26日拂晓，测鱼镇日军的辎重部队在200多名步兵的掩护下，向西开进。9时许日军进入伏击区。经过两个多小时的激战，日军除少数逃回测鱼镇外，其余全部被歼。此战共歼灭日军第二十师团辎重队300余人，缴获骡马300余匹和一批军用物资。

在七亘村打了伏击之后，按照军事常识，此地已经不适宜再进行相关作战，陈赓却打破常规，在此地再度伏击日军。陈赓让第七七二团主力当着日军的面佯装撤退，造成七亘村无兵把守的假象。实际上该团第三营绕一圈又重新返回，集结在七亘村西改道庙公路南侧山地里。10月28日日军进入了伏击地域，经过数小时激战，陈赓部击毙日军百余名，缴获骡马几十匹。这次战斗，牵制了敌人，使困在娘子关旧关以南的国民党军曾万钟部1000余人从日军的包围中脱困而出。

神头岭之战则是八路军进入太行山区之后，继长生口伏击战小胜之后的第二次胜利伏击战。这一战的规模并不大，但创造了抗战以来第一次中国军队伤亡少于日军的战例，凭此足以让此战永载史册。

1938年3月上旬，一二九师奉八路军总部命令，由正太铁路附近进至晋东南的襄垣地区，侧击由邯郸经东阳关向潞城、长治进犯的日军第一零八师团，并破坏东阳关至长治的公路。第三八六旅在潞河村与微子镇之间的神头村以西山岭设伏，歼灭潞城出援的日军。3月16日，陈赓率部于拂晓前沿神头岭上公路三面设伏。上午9时，日军进入伏击圈，三八六旅与敌展开激战，由于日军遭到突然袭击，顿时陷于混乱，且由于狭窄地形限制，兵力火力难以展开，死伤惨重，队长屉尾中尉被当场击毙。日军残部逃至神头村内，凭借房屋、窑洞负隅顽抗。战至中午，日军除百余人逃回潞城外，其余全部被歼。此战，三八六旅以伤亡240余人的代价，毙伤日军1500余人，俘获8人，缴获长短枪550余支、骡马600余匹及大批军用物资，给侵入晋东南的日军以有力打击。日军汽车部队的一名伍长在日记中写道："第一〇八师团这样的损失是从来没有的。"一名从战地侥幸逃脱的日本《东奥日报》随军记者，写了一篇《脱险记》的通讯，称神头岭之战是八路军的"典型游击战术"。此战甚至惊动了日本统帅部。他们痛定思痛，对神头岭战役进行了详细分析，企图找出对付八路军的办法。

三八六旅在陈赓的指挥下，连战连捷。响堂铺伏击战，400多日军被歼，被日军随军记者称为"更为典型的游击战术"。被邀请观看此战的国民党军一些高级将领也赞叹不已，连称大开眼界。香城固伏击战，打得日军闻风丧胆，进犯之敌全军覆没。香城固伏击战的第二天，日军出动2000余人，在5架飞机和大炮、坦克的掩护下，气势汹汹地向三八六旅扑来，其最先头的装甲车上，还贴着歪歪扭扭的"专打三八六旅"的标语，但三八六旅早没了踪影。

1943年秋，陈赓指挥所部消灭了日本"皇军观战团"，击毙一名少将和五名大佐，并消灭日军大队长、中队长级军官180余人，让日军的"铁滚扫荡"颜面尽失，气得侵华日军华北方面军司令官冈村宁次暴跳如雷："再牺牲两个联队也要消灭这股共军。"美国驻华武官卡尔逊上校在晋东南考察时评价说："三八六旅是中国最好的一个旅。"

陈赓不仅在伏击战上连战皆捷，在敌后作战方面更是新意迭出。沁源围困战就是其中的经典之作。沁源是位于山西省东南部的一座古城，自古便为兵家必争之地，抗战期间为太岳抗日根据地的腹心之地。1942 年 10 月，日军第二次侵占沁源，敌人以重兵占领沁源后，将沁源作为"山岳剿共实验区"，一面在全县重要村镇扎据点，进行分区"清剿"，一面大兴土木，筑碉堡，修公路。妄图配合政治上的怀柔笼络，来逐步"蚕食"根据地。

陈赓指挥沁源抗日军民针锋相对，对日军展开了长达两年半的围困战。11 月下旬，沁源军民将离日军侵占点线的安沁（安泽、沁源）和二沁（沁源、沁县）大道两旁据点 5 里以内的 23 个村镇、3200 余户人家、约 16000 余人，全部疏散隐蔽到沁河两岸的深山密林之中，使日军的侵占地区及其周围形成了"无人区"。日军的伊藤少佐向临汾师团部写信说："来到沁源没有人，没有粮，没有水，每天都有饿倒的，病倒的。"

1942 年冬，陈赓对太岳抗日军民提出了"只打巧仗，不打硬仗，不做赔本买卖，要积蓄力量，准备大反攻"的指示。11 月，建立了围困沁源指挥部，组成了 13 个游击集团。围困战开始后，他们首先开展了空室清野大行动，把水井填死、碾磨炸毁、粮食运走，隐匿到深山老林与敌周旋，用麻雀战、伏击战、破击战、冷枪战等手段，昼夜困扰、打击敌人，使日军失去了赖以生存的物质条件。接着又掀起"抢粮运动"，组织起来，乘夜摸进敌据点将敌人抢劫的粮食运出来。一夜之间，竟有万余军民出动，后来又发展到"劫敌运动"，不仅夺回敌人抢走的羊、牛和其他财物，而且连敌人的军用物资衣服和靴子也"劫"，使敌惊恐万状，惶惶不可终日。"家家造石雷，人人埋石雷"，在日军补给线上到处埋下石雷，给了日军一次又一次沉重打击。

1943 年 1 月，日军不得不从白晋路调第三十六师团一部换防，撤掉安泽、阎寨、中峪店等据点，紧缩阵地，集中兵力守备沁源城关和交口两点，并加修二沁（沁县至沁源）公路。为此，八路军把围困重点放在二沁公路和沁源城关。指挥部把受过训练的民兵编成"轮战队",在二沁公路上和城关的据点周围,以及敌人住处,遍布地雷,武装部队对敌进行不断袭击、阻击,敌死伤惨重。

1943年7月,陈赓亲自到沁源围困斗争前线视察,并提出"一天杀一个鬼子"的战斗号召。8月,日军又调第六十二师团一个大队换防,而沁源军民越战越强。1944年春,沁源党政军民实行总动员,对日军发动了更大规模的围困战,在交通线上、日军据点周围布雷1.5万余颗,封锁敌人,使其寸步难行,处境极度困难。

陈赓认为沁源围困斗争具有重要意义:密切了党群关系、军民关系,锻炼了党,锻炼了干部和群众,团结了各阶层;提高了民族觉悟,发扬了民族气节。他还将围困沁源比作一场敌我意志力的较量,"谁是最后的顽强者,谁就是最后的胜利者",提出"坚持围困,斗争到底"。在抗日军民的强大攻势面前,1944年4月,沁源之敌在沁县1000余日军接应下弃城逃窜。在两年半的围困战中,沁源军民共作战2700余次,毙伤日伪军4000多人,俘获日伪军200余名,解救被抓群众1700余人。①

沁源围困战是中外战争史上的奇迹。它成功地创造了对占领八路军腹心地区之敌进行斗争的范例,当时就受到中共中央的重视和表彰。1944年1月17日,中共中央机关报《解放日报》特地发表了《向沁源军民致敬》的社论,指出:"模范的沁源,坚强不屈的沁源,是太岳抗日民主根据地的一面旗帜,是敌后抗战中的模范典型之一。"

在日军力量占优势的情况下,能够综合利用根据地的党政军民等各种力量对敌人发动围困作战,并在战争中不断发展壮大自己,不能不说这是陈赓对敌后游击战的重要战术创新。

---

① 《陈赓日记》,战士出版社1982年版,第93—110页。

# 三　以运动战与"牵牛战术"建立奇功

解放战争之初，陈赓奉命指挥太岳军区部队与国民党军展开周旋，陈赓的第一个对手是他的黄埔一期同学胡宗南——国民党"西北王"。

1946 年 6 月，胡宗南向晋南发起进攻，企图一举扫平晋南解放区。陈赓挥师南下，选择孤军深入的胡宗南部第三十一旅，将其全部包了"饺子"。胡宗南不吸取教训，认为陈赓是侥幸获胜，又增派他的精锐——蒋介石的御林军"天下第一旅"和其他十几个旅，寻找陈赓部进行决战。陈赓将计就计，围点打援，将运动战与游击战完美地结合起来，经闻夏、同蒲、临浮，三战三捷，痛快淋漓地消灭了该"劲旅"。中共中央认为是"出乎意料"，毛泽东则亲自起草《关于陈赓纵队作战胜利的通报》，以"教育部队，鼓励士气，坚决歼敌"。远在华东的陈毅致电中共中央，称：我认为我党 20 多年来创造的杰出军事家并不多，最近粟裕、陈赓等先后脱颖而出，前程远大。给予了陈赓极高的评价。

陈赓在解放战争之初，不仅率领陈谢兵团南下，与刘邓大军、陈粟兵团形成三路大军挺进中原之势，而且在豫西与国民党军反复周旋，消灭了国民党大批力量。尤其是他在豫西的牵牛战术，更是让对手疲于奔命，从而创造了以弱胜强的新战法。

解放战争中，由于太岳位置重要，陈赓的部队虽归属晋冀鲁豫军区，但是却由中共中央直接指挥。1947 年 9 月，陈赓受命组建陈谢兵团。在中共中央的战略构想当中，本来意图是让他率部到陕北作战，与西北野战军共同抗击胡宗南，但陈赓在向毛泽东直陈部队入陕北和进中原的利弊之后，中共中央采纳了他的主张，让他率领陈谢兵团挺进豫西，与刘邓大军、华野陈粟兵团形成品字形共同进入中原的态势。

豫西地区，东部是豫西平原，西部是伏牛山区，向西可将国民党军引向大山深处，向东可以在平原上纵横驰骋。陕南地区，素称秦巴山地，包括秦岭与大巴山和夹于两山之间的汉水谷地。这里地处陕、川、鄂、豫之交，秦岭、巴山之间，丹江、汉水横贯其中，层峦叠嶂，地势险要，向东威胁襄樊、武汉，向南扼入川大门，回旋余地大，是机动作战的天然战场。

1947 年 10 月，陈赓率部渡过黄河后，在南下途中，被李铁军率国民党第 5 兵团 7 个旅紧紧跟踪，意在围歼陈赓兵团。陈赓派出 1 个旅的兵力在郏县一战中全歼有着"防御将军"之称的武庭麟十五师。李铁军是胡宗南的嫡系部队，为人狡黠，用兵谨慎。较对手而言，陈谢兵团无论是在兵力还是武器装备上都处于下风，与其做正面对抗显然难以取胜。

为了打垮李铁军兵团，11 月 8 日，陈赓在南召店主持召开了兵团会议。最后，陈赓博采众议，决定放长线钓大鱼，派一部分部队伪装主力，西向镇平、内乡、西峡口，斩断国民党军西荆公路交通线的联系，与南下开辟陕南的三十八军相呼应，迷惑敌人，引诱整三师等部西援，把李铁军这条"大牛"牵走，把它拖疲拖瘦；主力则改为向东、向北沿平汉铁路西侧展开，随时准备出击平汉线，策应刘邓大军在大别山的斗争和配合华东野战军作战。一旦时机成熟，就一举歼灭李铁军兵团。

为达到吸引国民党军的目的，陈赓下令二十五旅和十三旅假装陈谢兵团主力。他对旅长陈康说："要想办法把敌人牵进伏牛山腹地，给主力争取活动时间，为更大的战役创造条件；同时把'牛'拖瘦、拖疲、拖垮，也为'杀牛'准备好条件。"此时这两个旅的兵力不过五六千人，要对付李铁军全副美械装备的三万大军，显然是一副重担。

两个旅为完成任务，沿着南召城、刘村镇方向前进。为了扩大声势，部队分成多路，浩浩荡荡，形成一幅宽大的扇面向前推进，大路小路，到处都是人喧马叫，每逢临近村庄时，旅部命令："放慢脚步，拉开距离。"队伍拉得长长的十几里路，都望不见尽头。到了夜间，连长、排长一反以往夜行军肃静、不准讲话的惯例，要求战士："多暴露目标，多大声唱歌，多大声说话。"为了吸引国民党军来攻，旅长陈康还专门派出一支部队绕路返回到已走过的村庄宿营，留下痕迹。他们还采取了战国时期孙膑诈庞涓的"加灶"策略，部队大量修筑灶台，连里修，排里修，班里也修，有的一个班甚至有几个灶，让人感觉部队甚多。

为了紧紧吸引住李铁军部，陈康于11月16日夜集中该旅各团各种口径火炮以显示威力，集中几十个司号员一同吹起冲锋号来围攻镇平县城。17日拂晓攻占了镇平。与此同时，二十五旅占领了石佛寺。这让李铁军确信陈谢兵团的主力就在此地。21日，"牵牛"部队与李铁军的整编第三师激战了大半天，李铁军以为抓住了陈谢兵团的主力，就亲自到鱼贯口督战。而十三旅见目的已经达到，便向山区撤退。李铁军满以为大功即将告成，得意忘形，第二天竟然丢掉辎重，扔下大炮，拼着命往山里追，一直被诱至伏牛山中。而这一追击，李铁军集团已被拆散：其主力二十师被钳制于方城、南阳之间，整三师这条"肥牛"被拖向西峡口、夏馆镇山地。

此时，陈谢兵团主力相继解放了方城、南召、泌阳、唐河、临汝、鲁山、桐柏。到11月29日，建立了豫陕鄂边区行政公署、军区和下设的7个军分区。蒋介石的重要屯兵基地许昌、漯河等城镇也被陈赓攻克，甚至连指挥32个旅围攻大别山的白崇禧也不得不仓皇抽兵回援。李铁军此时才如梦初醒，知道他眼前追击的并非陈谢兵团的主力，于是仓皇回援平汉线，但是在山区的消耗，让李铁军部疲惫不堪，负责"牵牛"任务的陈谢兵团第十三旅陈康部，顿时改变了战术，改"牵牛"为"赶牛"，以一昼夜的强行军赶了200多里路，当整三师日夜兼程赶到西平县西南的祝王寨、金刚寺一带时，陈粟大军和陈赓兵团的主力早已摆开了聚歼的阵势，十三旅也绕路赶到围攻。

与此同时，陈赓接到毛泽东命令，要他率领主力部队向平汉路出击。平汉路大破击战前，陈赓将"牵牛"的任务又交给十一旅。李成芳旅长率领两个团，经方城、唐河、泌阳、桐柏至明港，接应十纵由大别山向桐柏展开，并吸引敌整三师主力跟踪追击。敌整三师以为陈赓主力在桐柏，急忙从宛西跑到桐柏。结果，在陈赓开始破袭平汉路后才发现陈赓的主力在东不在西。

陈赓主力在破袭平汉路后向谭店一线集结，粟裕率华东野战军一部沿平汉线向南急进。李铁军此时才发现"形势极端不利"，急忙下令向东南方向撤退。12 月 24 日夜，当他猬集于祝王察、金刚寺一带时，陈谢兵团主力和华野三纵一起向李铁军兵团发动了猛攻。战至最后，李铁军仅率少数残敌逃跑，整个兵团部及整三师全军覆没。李铁军的参谋长李英才被俘后说："贵军用兵真是神出鬼没。我们以为你们主力向西，结果是主力在东。我们被你们拉着走了一个大圈子，肥牛拖成瘦牛，最后被杀掉了。"围歼整三师后，陈赓立即向南挥进，围歼国民党军第二十师，在确山将其击溃。

陈谢兵团挺进豫西，创建豫陕鄂根据地，既为解放军逐鹿中原、问鼎中原做出了贡献，同时又配合了西北人民解放军的作战行动，实现了中共中央兼顾两面的战略意图。在两个多月的连续作战中，陈谢部共歼灭国民党军 5 万余人，控制了陇海路 250 多公里，并在伏牛山北麓展开，割断了胡宗南与顾祝同东西两大集团的联系，调动了进攻大别山之国民党一部回援。

在歼灭国民党军的战术布置中，陈赓将欺骗和伪装战术运用得淋漓尽致，以少量部队牵制敌人，主力则以逸待劳，达到削弱并消灭对手的目的，是一种以弱胜强的战略战术。陈赓对其纯熟的运用，体现了他深厚的军事素养，与西北野战军的蘑菇战术有着异曲同工之妙。

## 四　大力推动攻防兼备的坑道战术

1951 年 3 月，陈赓接任志愿军第三兵团司令员兼政治委员，率部入朝。途中腿伤复发，回京治疗，后赴大连继续治疗。6 月 1 日，陈赓再次入朝，以志愿军第二副司令员的身份，协助彭德怀指挥作战。

其时，志愿军经过五次战役，已经进入战略防御阶段，整个战局呈现僵持局面。经苏联提议，交战双方商定于1951年7月10日开始举行停战谈判。从此，朝鲜战争便以军事斗争与外交斗争相交织的方式进行。

在朝鲜战争的阵地相持阶段，陈赓以坑道战术抗击联合国军的优势火力，为扭转战局、稳定战线，立下了汗马功劳。

当时，战争已从大规模的运动战转向两军相持的阵地防御战，志愿军能不能在阵地战中顶住火力占有绝对优势的联合国军的进攻，成为决定战争胜负的关键。陈赓对战场情况经过一段时间实地考察后，提出进行坑道作业，得到了司令员彭德怀的极力赞同。

陈赓提出："坑道作业不仅仅是为了保存自己，更重要的是为了更好地消灭敌人。今后我们的坑道作业，要向既能藏又能打的战术坑道方向发展。坑道必须与野战工事相结合，必须与防御兵力相适应，必须有作战与生活的设备，有统一的规格标准。"这样，坑道工事就成为一个能打、能防、能机动、能生活的完整体系。

针对放炮洞（俗称"猫耳洞"）和各种小型坑道的缺点和不足，志愿军司令部提出坑道工事必须达到"七防"，这就是防空、防炮、防毒疫、防雨、防潮、防火和防寒。为了减少伤亡，陈赓还提出工事的建造要足够坚固，能抵御4英寸大炮轰击，还必须设有伪装工事。

1951年10月3—8日的马良山战斗，志愿军的坑道战术初显威力。当时，志愿军第六十四军防御正面，进攻的敌人是英联邦第一师和美骑兵第一师第五团一部，其进攻重点是高旺山、马良山。每天，敌人都是以1—2个团的兵力轮番猛攻，最多时一天发射炮弹3万发。

马良山阵地曾五次失而复得。志愿军防守某高地的一个连，依托坑道式掩蔽部（即贯通的马蹄形防炮洞），曾在一天内连续击退敌21次冲击，毙伤敌700余人，己方仅伤亡26人，坑道工事的优越性在这次战斗中初次显现出来了。

激战至8日，志愿军在给敌人以大量杀伤后，主动撤至黄鸡山、基谷里、白石洞、伍炭里一线继续防御。这时，英军第一师由于伤亡过大被迫停止进攻。经 5 昼夜激战，中方毙伤敌 2600 余人，敌人只前进了 3 公里左右。

1952 年 5 月，陈赓在志愿军第一线兵团及军的参谋长会议上提出，坑道工事不能遍地皆是，不得法则是坟墓，封闭式坑道不符合战术要求。他要求阵地构筑必须符合战术要求，主要目标是发扬火力，以实现火力交叉和互相支援，便利出击，不要为坚固而坚固。

在陈赓的亲自督促下，经过各部队的改进发展，到 1952 年夏季，志愿军防线构成了一个以坑道为骨干支撑的点式阵地防御体系。坑道里面有吃饭的、睡觉的、养伤员的地方，有厕所，还有囤积弹药和粮食的地方，比抗战时期的地道战要优越得多。

震惊中外的上甘岭战役，证明了坑道战术的成功。1952 年 10 月 14 日，美军发动所谓"金化攻势"，敌人共倾泻炮弹 190 多万发，投掷炸弹 5000 多枚，最多的一天 500 多枚，山顶上土石打松一米多。最后，美军只占领了志愿军两个班的前沿阵地。

陈赓算过账，上甘岭战斗，美军打的炮弹，最多的一天是 15 万发，值 300 万美金。他说，美国士兵最怕死，经常用炮来壮胆子，而我们与他们不同，使用炮火都是集中打击，从来不会吃亏。就是在这样密集的炮火攻击下，我方用坑道战，消耗敌人 43 天。美国人扔毒气，用炸药炸，什么招儿都使遍了，战士们都有办法对付。

陈赓在朝鲜战场打坑道战，一开始别人不理解，说这叫自掘坟墓，陈赓则反驳说敌人火力这么强，不打道战就站不住脚，因此在全军推广坑道战。① 而坑道战术则是通过对地形的合理改造，大幅度增强了自身的战斗力，成为敌人欲除之而后快，但又无法啃掉的在喉之骨。坑道战术为弥补人民军队的武器装备劣势提供了一种新的战术方式，是在敌人优势火力中取胜的法宝，是重要的战术创新。

① 周海滨整理，陈知建口述：《陈赓入朝作战烽火往事》，《看历史》2010 年第 7 期。

# 五　创办哈尔滨军事工程学院

1952 年 6 月，陈赓应中共中央之召唤，离开战火纷飞的朝鲜战场，回到北京。毛泽东和周恩来向他询问朝鲜前线战况。陈赓回答："现在抗美援朝战争正处于战略相持阶段。第五次战役已经打过，上甘岭战役已胜利结束。看来美帝国主义想要打败我们绝不可能，我们一时要把美帝国主义赶出朝鲜也是不可能的。我们的军队是一支政治素质最好的、作战最勇敢的人民军队，但是我们的技术装备太差，苏联所支援的新式武器装备，我们也缺乏驾驭技术的力量。所以我认为，为了取得战争的彻底胜利，必须加紧培养技术人才，掌握现代化技术，把我军建设成为优良的现代化军队，以利于在将来有把握战胜帝国主义的侵略。"听了陈赓的汇报，毛泽东说："说得很好！问题就在这里，为了彻底打败帝国主义，我们必须抓紧培养现代化的军事人才！"

周恩来提出要创办一所军事工程学院，并让陈赓来承担建校重任。陈赓起初对此颇有疑虑，认为隔行如隔山，怕自己不能很好地完成中央赋予的重任。

对于解放军第一所高等技术院校校长的选择，毛泽东是经过了一番深思熟虑的。陈赓身经百战，不仅有丰富的实践经验，很高的政治素养，而且又有较高的文化基础。在毛泽东和周恩来的鼓舞下，陈赓领受了创办军事工程学院的任务。从司令员到学院院长，这是陈赓人生旅程上的一次重大转折。摆在陈赓面前的困难是巨大的，校舍、教师、教材和设备均无着落，而他又从来没有办军事技术院校的经验，更不要说办这样的高等军事技术院校了。

困难吓不倒他，既然接受了任务，就一定要办好，这是陈赓的一贯风格。

新中国成立之初，苏联派出了大批专家来华协助指导新中国的军事建设，其中也包括建设军事院校方面的专家。1952 年 7 月，陈赓陪同苏联专家小组，乘飞机从北京到上海、大连、青岛、武汉、沈阳和哈尔滨等地考察。经过反复磋商，最后确定把校址定在哈尔滨。同时确定把这个学院办成一所包括空军、海军、炮兵、装甲兵、工程兵五个军兵种的综合院校。陈赓提出了一个边建、边教、边学和以教学为中心的建校方案，并明确了军事工程学院的性质、任务、培养目标、专业设置、招生人数、毕业去向、组织机构以及教师、教材和设备来源等一系列问题。

在学校教学、科研和管理人员的选择上，陈赓提出，干部组成应以知识分子为主，同时抽调部分经历了二万五千里长征的老同志，让他们各司其职，各尽所能，以保障培养对象达到又红又专。陈赓将他这些构想给中央作了汇报。中共中央军委决定以西南军区第二高级步校、华东军区科学研究室为基础筹建军事工程学院。筹建时，同时也从志愿军第三兵团抽调部分干部参加，用陈赓的话来说，这叫作两根柱子齐心协力，共同办学。

办校的最大困难是师资力量缺乏。为配备足够强大的师资力量，他请来了弹道学专家张述祖教授等人，并请他们提出教授名单。为尽快配备师资，陈赓多次找周总理。但总理日理万机，很难找到，陈赓就在早晨或夜间到家里去"堵"，甚至在洗手间里也要周恩来批复他请调教授的名单。

为了从各个大学选调教师，周恩来多次指示教育部帮助解决"哈军工"师资问题，并亲自主持召开两次会议，请教育部、清华大学以及中共中央组织部、国务院文教办公室负责人来参加，专门听取学院的汇报。由于总理的全力支持，很快就从全国各地抽调了一批学术功底深厚的教授、副教授。仅仅几个月时间，78名教授和专家就陆续从华东、中南、西南、京津地区奔赴哈尔滨。陈赓还从各大军区挑选了300名优秀的大学毕业生成立助教队，由请来的专家教授讲课辅导。这批助教后来成为教学、科研的骨干力量。仅仅一年时间，陈赓就组成了一支500名教师、300名实验人员的队伍，师资力量初步完备。

陈赓一手抓人才队伍建设，另一手抓基础设施建设。当时国务院决定将哈尔滨医科大学的校舍拨给哈尔滨军事工程学院，作为建校之基础。陈赓又从哈尔滨市、铁路局等单位接收、租借和交换了一些房屋，大批教学、科研人员得以安顿下来。1953年4月，冰城冻土未开，哈军工的校舍建筑工程却已拉开帷幕。陈赓时刻关心施工进展情况，经常深入基建工地，遇有重大事情，他亲自同基建办公室的同志一起商谈解决。他还不顾腿伤，多次爬上脚手架查看工程质量。仅仅7个月时间，10万平方米，36幢教学科研大楼拔地而起。

1953年9月1日，中国历史上第一所军事工程学院成立，陈赓主持开学典礼。毛泽东在给该学院颁发的《训词》中盛赞："中国人民解放军军事工程学院的创办，对于我国的国防事业具有极其重大的意义。"

此后数年间，在陈赓的督促下，在中央和地方的大力支持下，仅仅两三年时间，哈尔滨军事工程学院就盖起了40多万平方米的楼房，五个系的教学大楼相继矗立起来。到1958年，全院新建校舍已有221幢，56万多平方米，加上从医科大学接收的4万多平方米，在市内各处租赁的59000多平方米的旧房，校舍面积达66万平方米之多。

当时，一方面一些老干部对党的知识分子政策不理解，瞧不起知识分子；另一方面苏联教育顾问和政治顾问提出取消党委制。针对这两种思想倾向，陈赓提出，办校一定要依靠"两老"，即老教授、老干部。他常讲，"长征二万五和十年寒窗苦都是学院的支柱，缺一不可。"这样，既发挥我军优良传统，又将科学技术知识传授给青年。他常教育军队干部说："中国革命没有知识分子是不能胜利的，社会主义建设没有知识分子同样不能胜利"，"不要只看到自己经过战争的考验，也要看到人家十年寒窗的刻苦钻研。"他语重心长地对说怪话的同志说："我们都是受党教育多年的党员，要协助党委主动团结知识分子。"他又教育教授、专家要尊重军队干部，同他们亲密团结，合作办好学院。他视专家、教授为"国家最可贵的财富"，号召教授、专家要做学院的主人。在工作中，他创造性地贯彻执行党的知识分子政策，真正做到政治上充分信任，工作上大胆使用，生活上尽可能予以照顾。在他的感召下，老干部和专家教授的积极性都得到最大程度的发挥。①

1959 年，陈赓开始考虑学院的任务调整问题。他提出，各军（兵）种应该建立自己的工程学院。11 月 19 日，他给中央军委写报告，建议将学院的炮兵、装甲兵、工程兵、防化兵四个系和空军、海军系的五个专科，分给有关军（兵）种，单独成立工程学院，除原有空军系、海军系和新成立的导弹工程系外，再建原子武器系和电子工程系，将学院的培养目标由维护、使用改为研究、设计制造，并把学制分为基本班（大学本科）和高级班（研究生）两个阶段，每年招生 1500 人，以保证每年有一定数量的大学毕业生进入研究班深造。

中共中央军委接受了陈赓的建议。从此，解放军技术院校形成了三级分工的新体制：军事工程学院专门培养研究、设计和制造的工程师；各军（兵）种的工程学院培养维护和使用的工程师；中级技校培养一般技术干部。这种体制一直沿用至今。

在陈赓的领导下，哈军工逐渐发展、壮大、成熟。这所军校的知名度在 20 世纪六七十年代甚至达到了与清华、北大等著名高等学府并肩的水平。其后，这所学校迁至长沙，更名为国防科学技术大学，为中国国防现代化建设建立了不可磨灭的功勋。

1954 年 10 月，陈赓担任中国人民解放军副总参谋长。1955 年被授予中国人民解放军大将军衔，并获一级八一勋章、一级独立自由勋章和一级解放勋章，还担任第一届国防委员会委员。1956 年，出席中共八大，当选为中央委员。1959 年 9 月，出任中华人民共和国国防部副部长。1961 年 3 月，因心脏病不治，陈赓于上海病逝。终年 58 岁。

① 胥佩兰、郑鹏飞：《陈赓将军传》，解放军出版社 1988 年版，第 624—625 页。

　　陈赓一生是充满传奇色彩的一生。广东国民政府东征时，他对蒋介石有救命之恩。在第二次国内革命战争、抗日战争和解放战争时期，常以少胜多、以弱胜强而取得辉煌战绩，创造了游击战和运动战的众多经典战例。陈赓除了与国民党军、日本侵略者有过长期的较量外，还与法军、美军等西方强国的军队有过作战经历，积累了十分丰富的作战经验，大大丰富了毛泽东军事思想的宝库。他呕心沥血创办的哈尔滨军事工程学院，对于我国的国防事业具有极其重大的意义，为中国国防现代化建设建立了不可磨灭的功勋。

# 萧劲光　人民海军的创建者

　　萧劲光（1903—1989），无产阶级军事家，人民军队的优秀领导人。作为人民海军的创建者，萧劲光实现了从一位优秀的陆军将领向优秀海军将领的转变。他提出的海军发展建设方针，海军作战战术，海军武器装备发展思路，海军战略发展方向等，对新中国海军实现由小到大、由弱到强的转变，有着极其重要的意义。正是在他的努力下，新中国海军走出了一条独特的发展道路，成为捍卫中国万里海疆的钢铁长城。

　　萧劲光早年留学苏联，北伐战争时任国民革命军第二军第六师党代表。大革命失败后，再度赴苏学习。1930年回国后任闽粤赣军区参谋长兼政治部主任，红十二军参谋长。1931年冬任中央军事政治学校校长，不久任第五军团政治委员。1933年后，任红十一军政治委员，红七军团政治委员。1933年11月被"左"倾冒险主义者撤职。1934年10月参加长征。遵义会议后得到平反，1935年1月任红三军团参谋长。到达陕北后，任中共陕甘省委军事部部长兼红二十九军军长，红军后方司令部参谋长。

　　抗日战争爆发后，任八路军后方总留守处主任，留守兵团司令员。抗战胜利后，萧劲光任东北民主联军副总司令兼参谋长。1946年10月兼任南满军区司令员。1948年5月他兼任东北野战军第一前线围城指挥部司令员，率部围困长春。平津战役后，萧劲光任第四野战军第十二兵团司令员兼政治委员。新中国成立后，奉命组建海军，从此长期任海军司令员。1955年被授予大将军衔。

# 一　红军时期屡建战功

萧劲光，1903 年 1 月生于湖南长沙。1917 年夏，14 岁的萧劲光以优异的成绩考入长沙长郡中学。他在这里开阔了眼界，结交了一批志同道合的朋友。1920 年，萧劲光在长沙加入中国社会主义青年团和"俄罗斯研究会"。当年秋天，研究会决定组织一批学生会员去俄罗斯勤工俭学，萧劲光是其中之一。1921 年 7 月萧劲光到达莫斯科，开始了在东方大学的留学生活，在学校学习军事。1922 年转入中国共产党。

1924 年春夏之交回国后，正值国共两党实现了第一次合作。在这种背景下，萧劲光先在安源路矿工人俱乐部工作。1925 年，萧劲光赴广州，投笔从戎，任国民革命军第二军第六师党代表兼政治部主任，中将军衔。1926 年参加北伐，随第二军第六师的官兵参加萍乡之战，先后攻入南昌城、南京城，后参加鄂西战役等。

1927 年第一次国共合作破裂后，情况异常复杂，在紧要关头，萧劲光听从中国共产党的安排，第二次赴苏求学，入列宁格勒的托尔马乔夫军政学院学习，直到 1930 年夏天回国。回国后，党组织派他到闽西苏区工作，担任闽粤赣军事委员会的参谋长，不久又兼任闽西彭杨军事学校的校长。

第三次反"围剿"胜利后，红军和根据地获得了很大发展。1931 年 11 月，萧劲光作为闽西根据地的代表出席了中华苏维埃第一次全国代表大会。会后他受命在瑞金城不远处创建红军学校，但很快被组织调任红五军团的政治委员。1932 年红五军团先后参加赣州战役、水口战役。是年 12 月 30 日，萧劲光调任建黎泰警备区司令员兼政治委员，担负整顿、训练这些地方的游击队和民兵。

1933 年 2 月，军委任命萧劲光为红十一军政治委员，率部参加第四次反"围剿"战役，与兄弟部队赢得黄陂、东陂等战斗的重大胜利。4 月底，萧劲光调任闽赣省军区司令员。1934 年初，萧劲光被诬为"军队中罗明路线的总代表",受到了不公正的对待。中央革命根据地第五次反"围剿"失利后,中央红军 1934 年 10 月被迫撤出中央革命根据地,身为红军大学教员的萧劲光,随部队踏上了长征之路。1935 年 6 月,中央红军翻越夹金山后与红四方面军在懋功会师。同时,萧劲光所在的干部团召开党总支大会,宣布为萧劲光的冤案平反,取消一切处分,恢复党籍、军籍。7 月下旬,中革军委下达命令,任命萧劲光为红军第三军团参谋长。红军到达陕北后,1935 年 11 月,萧劲光任陕甘省委军事部长。1936 年 3 月,中央决定由陕甘省委军事部组建红二十九军,由萧劲光兼任军长。1937 年初,中共中央、中革军委迁至延安,任命萧劲光为军委参谋长。

## 二　投身抗日战争与解放战争洪流

1937 年 7 月 7 日,卢沟桥事变后,中国进入抗日战争时期。8 月,萧劲光参加了中共中央洛川会议后,任八路军后方总留守处主任,主持八路军留守处的工作。同年 12 月中旬,任八路军留守兵团司令员,担负保卫中共中央重任。1942 年,留守兵团与贺龙率领的晋绥军区部队合并,组成陕、甘、宁、晋、绥五省联防军,萧劲光任司令员。

从 1937 年全面抗战爆发到 1945 年抗日战争胜利,萧劲光指挥河防部队对日作战 70 余次,打退了国民党三次反共高潮,使陕甘宁边区虽深陷国民党数十万大军的重重包围之中,却稳如泰山,生产、学习秩序井然。[①] 在延安期间,萧劲光撰写了大量军事著作,其中一些观点、思想,在当时产生了较大的影响。1945 年 4 月 23 日,萧劲光参加了中国共产党第七次全国代表大会,被选为中央候补委员。

萧劲光是人民军队中少有的接受过苏联军事院校系统训练的军事将领,因此在军队正规化建设方面,萧劲光比那些只从革命战争

---

① 《萧劲光传》编写组:《萧劲光传》,当代中国出版社 2011 年版,第 99 页。

中锻炼出来的将领们具有更加深厚的理论基础。抗日战争期间，萧劲光任陕甘宁边区留守兵团司令员，因为处在相对较为安定的后方，作战毕竟不像抗战前线那样激烈，部队有机会进行较为系统的训练，萧劲光利用这来之不易的机会，大力推动部队的正规化建设。

当时留守兵团担负着保卫中共中央的任务，但又不像前方部队战斗那么频繁，四处流动，因而部队的训练环境相对较好，为部队的训练提供了良机。萧劲光认为军事训练，在注重一般基础训练的同时，还必须从实际出发，有应对当前战事的针对性。因此萧劲光在陕甘宁留守兵团制订了"打稳部队技术、战术的基础，发扬现有武器的威力，发扬我军优良传统和战斗作风，学习现代新式兵器的战法；建立部队正规制度，加强干部的管理、训练与组织指挥能力"的军事训练总方针。

萧劲光非常重视士兵的体能训练。在担任军委参谋长时，萧劲光发现由于长期艰苦的生活，战士们的体质普遍较差，文化生活也很单调。为此，萧劲光在部队大力提倡开展军事体育活动，场地不足，他就土法上马，自建场地，还亲自带领部队跑步、做操、越障、射击、投弹、跳高、跳远、打球，因此还得到过毛泽东的表扬。

针对当时我军武器装备主要是近距离射程的步枪，但战士却有着高度的革命觉悟的基本情况，萧劲光提出训练就要在发扬现有武器威力的基础上，提高部队的技术、战术水平，突出人民军队的传统战法，发扬勇猛、果敢、机智的白刃格斗精神。为此，他创造性地将训练和作战结合起来。萧劲光根据当时实际，制订教育计划，从制式教练、班排动作、射击、投弹等基本战术技术开始，循序渐进地对部队进行系统的军事训练。在扎实搞好日常训练的基础上，他又利用各种机会，将部队拉到实战环境中进行锤炼。通过这种方式，使训练为战斗做准备，让战斗检验训练的成效。

经过一段时间的训练，部队的军事素质有了很大提升。特别是留守兵团开展的创造特等射手的活动，取得了突出的成绩。以步枪卧姿射击为例，1937 年 100 米环靶，命中率只有 47%。而 1938 年 200 米灰靶命中率为 87%；特等射手在 250 米距离上的命中率高达

94%。由于陕甘宁边区东有黄河，西有马家军的骑兵，部队的作战地理环境和作战对手有着巨大差异。在这种情况下，边区部队有针对性地根据自己担负的任务进行训练，如河防部队演习河川攻防战，三边部队演习对骑兵的攻防战，游击战、夜间作战训练都相继提上日程。

抗战期间，部队招收的战士大多没有接受过军事训练，很多人是刚刚穿上军装的农民，难于理解指战员的战术意图。针对这种情况，萧劲光提出训练的重点是连以下的战术指挥与战术动作，主要演习科目是进攻中的指挥、地形利用、队形选择等，试图在较短的时间内提高部队的战斗力。

针对当时干部战士军事素养和训练水平参差不齐的状况，萧劲光提出了分类训练的办法。他对干部和战士提出了不同要求：一般战士在不同情况下，能灵活运用各种战术动作，老战士能做班长的动作；现任班长能做排长的动作；现任排长能做连长的动作。干部教育以提高战术技术素养，提高教育、管理和指挥作战能力为主要目的。连排干部以提高对连排战斗的指挥能力，对新兵器、特种战术的教育能力，对部队管理教育的能力为主，学习抗战的战略战术。营团以上干部以学习研究游击战术、兵团战术和提高组织指挥能力为主。① 通过这种梯级形式提升训练水平的办法，既有利于培训战斗骨干，也有利于提高部队整体素养，实际上使部队的战斗力上了一个大的台阶。

为了让部队的教育训练形成一个严密网络，萧劲光创建了干部教育网。他要求留守兵团每半年开一次兵团首长会议，每次会议又是一次干部集训。除了汇报交流前期训练情况外，还要讨论制订下一步教育计划，最后是进行统一标准的训练。会议期间，团的干部全扎上皮带当列兵，旅的干部当班、排长，然后再回去训练下级干部。在部队，以团为单位，建立由团长、政委、副团长、参谋长及各营营长组成的教育委员会，集体领导本单位的教育训练工作。各

① 《萧劲光回忆录》，解放军出版社1987年版，第281—287页。

营又有营级干部和各连连长组成的教育小组，负责训练排以上干部，然后再带动战士训练。通过这种形式，不仅基层指战员始终保持高强度的训练节奏，部队中高级指战员和机关工作人员也能长期处于战斗状态，使部队战备水平有了大幅度提高。

不仅在干部战士训练的组织形式上有新的突破，萧劲光在战术革新方面也有自己的独特思路。他从中国革命战争的基本特点和抗日战争的实践经验出发，提出人民军队要以装备较劣的步兵对抗装备精良的强敌，必须采取"基本的是游击战但不放松有利条件下的运动战"的战略战术，善于利用敌人的弱点，以我之长攻敌之短。而近战的特性，就是步兵以神速隐蔽的动作，乘敌不备或立足未稳，突然接近敌人，用猛烈的火力袭击敌人，进行连续的冲锋、肉搏，以及进行短距离的迂回机动和反复地击退敌人的反冲锋，连续突破敌人纵深，以追击或火力追击，迅速歼灭敌人。

萧劲光认为：从正规战的操典来说，战斗的一般进程是——运动接敌、展开、冲锋、纵深战斗、追击几个阶段。近战就是强调从冲锋开始到纵深战斗这一阶段，这是战斗中最紧张、最复杂和最顽强的战斗阶段。他还提出：采取运动战、游击战等战略战术，最能发挥人民军队的特长。在上述观点的基础上，他写出了《近战战术》文章，印发成册指导全军。[①] 应当说，在长期的革命战争中，中共领导的部队在很长一段时间武器装备都不如对手，而要在短时间内提高装备水平显然是不现实的，只有通过战略战术的革新，才能有效弥补上述缺陷。毛泽东提出的歼灭战就是试图弥补武器装备不足的战略战术构想，而萧劲光提出的近战战术则是弥补武器装备不足的战术方针，他的思路是对毛泽东军事思想的重要发展，对人民军队发展壮大具有非同寻常的意义。

在延安时期，萧劲光对游击战争亦有独到见解，提出当敌人向游击区域或有抗日政权的区域进攻时，采取被动的单纯防御，分兵把口，以致被敌人各个击破，这些都是游击战争指挥者的戒条。而

---

① 《萧劲光回忆录》，解放军出版社 1987 年版，第 292—294 页。

要采取积极进攻的方略,集中主力消灭与削弱敌人,或于战略要害上给敌以致命打击,以这样的进攻方略来争取主动地位。萧劲光还主张游击战中兵力的灵活运用,是转变敌我形势,变被动为主动的重要手段。好像渔人打鱼一样,既要散得开,又要收得拢。① 上述观点有些被毛泽东采用,成为毛泽东军事思想的重要组成部分。

1945 年,军委正式通知萧劲光,与林彪等一起去山东解放区工作。但在去山东的途中,中央决定尽快进占东北,萧劲光随即转赴东北。1945 年 10 月任东北人民自治军副司令员兼第一参谋长、东北民主联军副司令员兼第一参谋长(至 1946 年 11 月)。1946 年 11 月,萧劲光与陈云一起到南满,任东北局南满分局副书记,兼辽东(南满)军区司令员。

1946 年 12 月 11 日,在南满分局七道江军事会议结束后,萧劲光和陈云等一起率部四保临江大获全胜,并取得了三下江南战役的胜利,建立了巩固的南满根据地。1947 年 8 月,萧劲光与陈云、萧华等研究决定,组织部队在通化集训,迎接大决战。与此同时,召开师以上军政干部会议,系统总结四保临江、夏季攻势作战的经验教训。在会议上,萧劲光阐述了战役指导与作战指挥的具体要求,对发扬近战、夜战,发挥部队特长及火力组织、战斗队形等战术问题,进行了具体讲解和阐述。

1948 年 1 月,遵照中央军委指示,东北民主联军改称东北人民解放军,民主联军总部改称东北军区,萧劲光任东北军区副司令员。5 月兼任东北野战军前方第 1 指挥所司令员,东北野战军第 1 兵团司令员、兵团党委书记。

5 月下旬,他与萧华一起率部围攻长春。10 月 21 日,长春宣告和平解放。随后萧劲光率部参加了沈阳外围战役、平津战役。1949 年,萧劲光兼任天津卫戍区司令员。2 月中旬,东北野战军改编为第四野战军,萧劲光任第 12 兵团司令员兼政委、兵团党委书记。3 月底,率部进入河南,先后收复驻马店、明港、长台关、信阳等地,

---

① 《萧劲光回忆录》,解放军出版社 1987 年版,第 311 页。

并一路南下解放了花园、汉川、应山、广水和浠水等地。5 月 17 日解放武汉，萧劲光任武汉市警备区司令员。8 月 4 日，长沙和平解放，萧劲光率部进入长沙，任湖南军区司令员、长沙军管会主任。9 月 13 日—10 月 16 日，萧劲光指挥第四十军、四十一军、四十五军等六个军参加衡宝战役，歼灭了白崇禧四个主力师。

# 三　对海军建设方针的思考

新中国成立之初，毛泽东就强调：有海就要有海军。过去我国有海无防，受人欺负，我们把海军搞起来，就不受帝国主义欺负了。再说，我们要解放台湾，也要有海军。海军一定要搞，没有海军不行。但毛泽东对海军司令员的人选颇费思量，要求此人既要深受我军传统影响，又要有留学苏联的经历。在此背景下，1950 年 1 月，萧劲光出任海军司令员，并兼任大连海军学校校长、政委。从此挑起建设新中国海军的重担。

为了让海军的架子尽快搭建起来，萧劲光着重抓了海军建设的几项紧迫任务：一是把现有战斗力量很好地组织起来，参加海、陆两栖作战；二是开办学校，抓紧培养海军建设干部；三是将一些重要的基地、码头、阵地等尽快建设起来；四是树立适用海军建设的新的思想、作风。

50 年代中期，海军建设步入正轨以后，我军对于海军如何发展曾经有过不同的意见：一种意见是小型、中型与大型并举、齐头并进，希望在较短的时间内建成一支强大的海军。另一种意见是从当时到第三个五年计划末期，在以发展导弹为主和不断改进常规武器的条件下，以发展潜艇为重点同时发展水面舰艇、海军航空兵、岸防兵和陆战部队，建设一支合成的海上轻型力量。在今后的海军建设中，潜艇以发展中、大型为主，水面舰艇以发展中、小型为主，航空兵以发展海军特种飞机为主，岸防兵力以发展导弹和中型火炮为主，陆战部队则根据技术条件的发展，逐步加强现代化装备。同时还要积极着手大型舰艇制造的研究和准备工作，包括装备原子动力和导弹武器的大型远程潜艇。第三个五年计划完成以后，再根据形势发展，如有必要，则可逐步制造大型军舰。

萧劲光经过分析后赞同第二种意见。他认为当时敌我军事技术力量较为悬殊，随着我国国民经济的发展和国防建设的加强，差距将逐步缩小，但要完全改变这种态势，还需要较长时间。因此他提出海军建设的步骤应当是：作战海区应由近海到中海，再到远海、远洋；舰艇的建造应由中小型到大型。这是一个逐步发展、逐步提高的过程。在我国第二个五年计划期间应以潜艇、导弹快艇为建设重点，同时要着手为第三个五年计划的造舰进行技术准备，具体来说就是要完成大型原子导弹潜艇、导弹驱逐舰、反潜护卫舰、导弹快艇和新型鱼雷艇的研究、设计和试制工作。

随着海军建设逐步进入正轨，在中共中央军委的领导下，萧劲光的海军建军思想也更加清晰和明确。他根据我国的国情提出建设一支轻型舰队的初步设想，随后制订的海军建设三年计划，又提出了要以飞机、潜艇、快艇为重点。

之所以确定轻型、近海防御的海军建设方针，是萧劲光等海军领导层对当时中国国情和海军承担的任务进行深入分析后得出的结论。萧劲光等人认为：我国经济落后，工业特别是造船工业基础薄弱。当时全国大部分地区刚刚解放，国家的财政经济情况还没有根本好转，不可能拿出大笔经费来用于海军建设。没有现代化的工业基础，没有专门的技术人才，即使有了钱，军舰也是造不出来的。同时，从海军当时承担的主要任务来看，也没有必要建设远洋大型海军力量。新中国成立之初，我军执行的是积极防御的作战方针。当时摆在海军面前的主要任务是：协同陆军继续解放沿海岛屿；加强警戒，保护海上交通，保护渔业生产；准备力量于适当时机解放台湾，随时准备对付帝国主义可能的侵略。完成这些任务，都不需要远离国土，与敌人作战的主战场是在近海，作战时有漫长的海岸线和星罗棋布的岛屿做依托。这些特点和有利条件，决定着我们不需要建设庞大的远洋舰队，但又必须尽快建立起一支坚强的海上战斗力量。

因此海军确定的建军方针是：从长期建设着眼，由当前情况出发，建设一支现代化的、具有攻防力的、轻型海上战斗力量。首先组织和发展现有力量，在现有力量的基础上，以发展鱼雷快艇、潜水艇和海空军等新的力量，逐步建设一支坚强的国家海军。并提出了"三个服从"的方针：在海军建设与国家经济建设的关系上，必须服从国家经济建设的方针；在海军建设与国防建设的关系上，必须服从发展空军和防空军为重点并相应地发展海军的方针；在海军建设的内部关系上，必须服从以发展空、潜、快为主并相应地发展其他各兵种的方针。

为了贯彻海军建军方针，萧劲光对其进行了深入论述，他提出海军建军方针有如下几个方面的特点：一是强调现代化。这首先是指海军的技术装备，必须高度科学化，具有现代先进水平；其次是就海上作战来说，现代化的海战必然是一种立体战争，又是一种综合性的战争。必须把海空的飞机、海面的舰艇、海里的潜艇和海岸的炮兵，组成一个协同配合的整体力量，缺少任何一种力量，在战争中都可能吃大亏。二是强调建立"轻型的"海上战斗力量，要以空、潜、快为重点。这支力量具有航速大、隐蔽性好、机动性好、攻击威力大等优点，最适合于近海作战，平时便于分散训练，战时易于集中机动使用。这一特点区别于许多国家，特别是一些帝国主义国家的海军，是符合我国国情，符合我国积极防御的战略方针的。他还估计，这支力量建设起来以后，它不仅可以单独完成反封锁、维护航运、保护渔业生产、消灭海匪、进行布雷和扫雷等战勤任务，而且还可以配合陆、空军，进行渡海作战，完成解放沿海岛屿，切断敌人海上交通运输，抗击敌人登陆等作战任务。三是强调要以现有力量为基础。在当时的条件下，离开现有的力量，新的力量的发展就无从谈起。当时拥有的一些舰艇和其他装备器材，虽然老旧，但短时间内还不可缺少。利用它们，既可担负剿匪、护渔、护航等任务，又可培训干部和技术人才。①

---

① 《萧劲光回忆录》续集，解放军出版社 1987 年版，第 32—35 页。

海军建军方针的提出，对于海军建设具有重要意义。在新中国初建满目疮痍、百废待兴的局面下，海军建设必然面临着诸多制约，但保卫海疆又是海军所必须承担的责任。此时建设精干的轻型海军，符合当时的国情和国防需要。萧劲光等人提出的海军建设思路，是非常切合实际而又富有远见的。

随着时代的发展，萧劲光的海军建设战略也悄然发生着变化。20 世纪 80 年代中期，萧劲光写成《建设现代化的强大海军》一文，明确提出确立近海防御的海军战略。文章指出，近海防御需要解决的一个课题是要不要进行中远海作战。他认为是需要的，应该实行以近海作战为主，中远海作战为辅。其理由是：（1）近海防御是一个战略概念。它所说的近海作战只是一个为主的作战形式、作战海区，不可能也不应该排除中、远海作战。（2）近海防御是积极防御，不是待在近海等着挨打，只搞近海作战是防御不了近海的。防御也要重视进攻，为防御而进攻，积极防御就是进攻性防御。（3）从未来反侵略作战的实际看，海军要在敌我海上交通线上开辟独立战场，保护我运输船队，打击敌运输船队，进行破袭游击战，以潜艇游弋打击敌舰船，战略核潜艇打击敌方重要军事目标，这些都是牵制敌人、消灭敌人的有效手段。战略反攻阶段，就需要中远海作战。由此可见，萧劲光对海军发展的关注，对海军发展战略思考之周详。

## 四　全面推进海军的现代化建设

萧劲光是人民海军的首任司令员，并长期担任这一职务，时间跨度几近 30 年之久，为全面推进海军的现代化建设，贡献了大量心血。

### 1. 重视技术人才建设

海军是高技术军种，新中国初建时，我们拥有的是一支武器装备短缺、技术力量薄弱的弱小海军。因此，萧劲光从一开始就十分重视技术人才建设。

1951 年 8 月,在海军首届政治工作会议上,萧劲光就提出要重视技术。他说:我们海军从一艘舰艇,一座海岸炮,一架飞机,到整个军事指挥系统和物资供应系统,都是按照高度的技术分工和业务分工组织起来的。人要指挥技术,就必须精通技术。10 月,在南京联合海校讲话时,他再度强调,海军是高度的技术军种,必须有掌握技术的人员,必须有懂得技术的干部,要按照技术的规律运用技术。一旦掌握了技术,就会使人的素质提高一步。12 月,在海军首长会议上,萧劲光将是否懂技术视为海军建设中的关键。他提出:当前最大的困难是不懂技术,不懂业务,对海军不内行。今天,干部能否掌握技术,已成为能否实行建军路线,能否建设海军的中心的一环,也是来自解放军的老同志能否成为建设核心的关键。

1956 年,他旗帜鲜明地提出:今后海军建设的基本问题,是在现有基础上提高一步的问题,而提高一步的关键,在于进一步解决人与技术的矛盾问题。这就要集中力量培养各种专业干部,加强部队的战斗训练和有计划地进行各方面的建设,这就是今后海军建设的经常性的中心任务。他还认为:搞好海军部队的军事技术训练,是国防建设中的一项极为重要的任务,有了好的武器装备,如果不会使用,开不动,打不准,这些东西就等于一堆废铁。因此必须大力提高部队的技术水平,过好技术关,然后再过战术关。

为了让海军指战员尽快提高技战术水平,萧劲光提出要抓住军事训练的六个环节:第一个环节是党委领导,首长分工。党委要组织各方面的力量来保证“以军事训练为中心”这一方针的贯彻。支队以下部队的领导干部主要是管作战和训练。第二个环节是要健全训练部门对训练的组织领导。第三个环节是要健全业务长的工作制度。建立业务长制度是海军建设中的一个新生事物,这是从海军技术复杂的实际需要出发而设置的。海军的实践证明,业务长的作用别的干部代替不了。保持这一制度,大大有利于提高部队的技术业务水平。第四个环节是要有计划地培养舰艇长。舰艇是海军的基本单位,有了好的舰艇长,部队的训练才能搞好。第五个环节是在舰艇的重要部门中,要保持一定比例的专业军士。第六个环节是老兵复员和新兵补充不能超过一定的比例，不能使部队因补充新兵过多而使每年的军训都在原地踏步。正是因为抓住了这六个环节，海军的军事训练水平在短时间内有了大幅度提高。

### 2. 重视武器装备建设

海军是高技术密集的军种，对武器装备的要求非常高。新中国初建时，国家的工业基础很难满足海军建设的要求。1950 年朝鲜战争爆发后，西方国家从技术上对中国进行封锁，从西方国家获取武器装备的途径就此中断。而中苏两国在 20 世纪 50 年代初期的友好关系，使中方从苏联获得海军装备具有较强的现实可能性。

萧劲光非常注重海军装备建设。新中国成立之初，他千方百计收集国民党海军残余装备。苏联从旅顺撤军后，他组织接收了苏军在此的海军装备，获得了一些护卫艇和快艇。1952 年，萧劲光率领海军军事代表团赴苏联，在中苏军工合作项目中，安排了海军武器装备的引进项目。但是朝鲜战争爆发，空军装备成为当时急需，由于国家财力所限，海军武器装备的引进暂告搁浅。

朝鲜战事结束后，1953 年 6 月 4 日，中苏两国政府签订了一项海军协定，简称"六四"协定。这项协定包括了三个附件：一是关于三年（1953—1955 年）内供应的成品舰艇、武器和其他物资；二是关于 1955 年应交付的造船材料；三是关于供应的技术资料、苏方派遣专家来华及代为培训中方实习生。根据上述协定，中方向苏联购置了护卫舰、潜艇、扫雷舰、大型猎潜艇、远航鱼雷快艇等五种型号舰艇的全部技术图纸资料和一批材料、设备，在中方造船厂自行装配制造舰艇。

萧劲光不仅重视获取先进装备，更重视武器装备生产技术的引进和消化吸收。在 1955 年和 1956 年两年中，按照"六四"协定的规定，中方从苏联进口的舰艇装备零件及图纸，在苏联专家指导下，陆续装配制造了一部分舰艇。在装配制造过程中，萧劲光深感技术的重要性。特别是当首批舰艇试航中发现一些问题时，技术问题就更加突出了。他认为改进原设计方案，无不取决于对技术掌握的水平。为此萧劲光提出，掌握技术对于海军的装备发展来说，是至关重要的环节，海军的武器装备发展，必须也只能建立在我方已经掌握的技术基础上，掌握的技术水平越高，发展就越快，否则发展就没有基础。

为了提高海军掌握武器装备的技术水平，萧劲光提出发展海军的舰艇装备，必须与发展国家的造船工业相结合，相互促进，相得益彰。1954年，他提出了发展海军武器装备技术的三个步骤：第一步，争取国外援助成套材料设备和技术，在国内装配制造，建立造船工业的基础。第二步，消化、吸收国外技术，进行仿制。材料、设备逐步做到国内自给，达到半制造。第三步，立足国内，自行设计，使用国产材料、设备，完成海军第一代武器装备的研制。萧劲光提出的武器装备发展思路和步骤，符合新中国成立初期我国发展的实际，具有很强的可行性。

### 3. 提出"立足常规武器，发展尖端武器"的装备建设思路

海军作为高技术军种，既有常规装备武器，也有核潜艇等尖端装备武器，两者的关系如何处理是一个大问题。在这个问题上，海军内部曾经形成以下共识：用两条腿走路，一方面力争尖端，另一方面努力改进提高常规，实行尖端技术和常规装备相结合，并根据科学研究的成果和国家经济条件的可能，逐步地过渡到以尖端为主的方向发展。

萧劲光认为所谓尖端武器，也是在常规装备的基础上发展起来的，从常规到尖端是个跃进，但必须有常规基础做立足点。没有先进的冶金、化学、机械和电力工业的基础，就很难发展尖端的原子工业和原子动力。把一颗导弹拆成无数零件，其中除少数关键性的元件和材料需要专门的工厂生产以外，绝大部分的零件和材料，都可以由原来一般常规装备制造工厂来承担生产。因此，不搞常规，不加强和提高常规基础，孤立地搞尖端技术是不可能搞起来的。所谓常规，也已经有了很大改进，并不断出现新技术，把这些成果运用到舰艇上，才可以不断提高舰艇的战术技术性能。但是在已经出

现了原子动力和导弹武器等尖端技术之后，就不能只满足于常规的改进，必须根据尖端技术发展的趋势和可能，逐步加大尖端比重，建设一支以普通动力与原子动力相结合并以导弹武器为主的海军力量。

五六十年代，导弹武器在海战中开始出现。对当时刚刚出现的导弹武器，萧劲光极为重视，认为导弹取代常规兵器将是海军武器装备发展的一种趋势。他认为导弹射程远，威力大，有自动导向装置，命中率较高，将逐步代替大口径远射程的火炮和水面舰艇使用的鱼雷。但由于导弹武器还不能代替一切近距离的武器，这一缺陷仍须由火炮、鱼雷来弥补。为使导弹发射得更远和更准，今后必须研究和解决用高能固体燃料做导弹的推进剂，以代替现用的液体燃料，进一步提高控制和自导的技术，并要全面地改进提高雷达、水声、导航设备的效能。为有效地防御低空高速的飞机和导弹，舰艇的中小口径火炮需向高射速连发和雷达操纵射击、完全自动化的方向发展。为有效地从水下攻击敌人的水面舰艇和反击潜艇，鱼雷和深水火箭必须向远程、高速、自导方向发展。这样，不仅可以在改进的鱼雷、火炮方面脚踏实地地走路，并且可以较快地在导弹武器方面也脚踏实地地前进。

航空母舰是海军作战的重要平台，世界上的主要大国都发展了航空母舰，它成为强国掌握制海权的重要力量。新中国成立之初，由于国家财力和技术条件的限制，没有条件发展航空母舰，萧劲光提出海军建设方针以"空、潜、快"为主，但是这绝不意味着他对航空母舰的发展不重视。事实上，萧劲光对发展航空母舰一直情有独钟，当某些人认为中国海军搞的是近海防御战略，不需要发展航空母舰时，萧劲光专门在《建设现代化的强大海军》一文中加以反驳：武器装备建设是海军现代化建设的物质基础。没有武器装备的现代化，就没有海军的现代化。在对世界各国海军装备发展的历史进行简略分析之后，他振聋发聩地指出："我们在研究制造新型核潜艇、潜艇、驱逐舰、护卫舰、导弹护卫艇等舰艇和新型轰炸机等海上专用飞机的同时，要不要研究制造航空母舰和航母舰载机呢？我以为是需要的。"

文章说，海军要不要建造航空母舰，决定于国家财政经济的可能和军委战略方针的需要。在这一方针的指导下，海军有什么样的战略任务、到什么地方去活动，就应该建立一支什么样的舰队和兵力。我们实行近海防御战略，并不排除到中远海作战。而到中远海作战，没有航空母舰是不行的。一个舰队在远海活动，没有航空母舰就没有制空权。没有制空权，就不能保证远海作战胜利。在远海，没有一种兵力可以取代航母夺取制空权，掩护舰船的活动。他认识到中国是一个陆地大国，也是一个海洋大国。南沙群岛距大陆约1000海里。为维护我国领土主权和海洋权益，即使在和平时期，中国海军也应该到这些海区去活动，以保证国家在这些海区的应有地位和主权。到南沙去，就要有航空母舰对水面舰船进行空中掩护、支援，以及打击消灭敌人的有生力量。

萧劲光的观点对当时"航母无用论"是一种有力的反击。在他的支持下，他的继任者刘华清将发展航母放在了重要位置，采取各种措施准备进行航母制造。2012年9月25日，中国第一艘航母辽宁号正式加入海军序列，几代海军司令员的航母梦得以实现。这无疑也是对萧劲光这位航母坚定支持者的告慰。

### 4. 重视后备力量建设

关于海军后备力量的建设问题，萧劲光也有自己的见解。他认为民用船舶在战争中占有重要地位。为此，萧劲光提出和平时期进行海上战斗力量建设时，就应有计划地进行后备力量的建设，实行军民结合、劳武结合、平战结合的方针。这样，一旦战争爆发，就可以在海上形成全民皆兵的形势。为了达到这个目标，萧劲光要求在构建造船体系时，应考虑到既能生产军用产品，又能生产民用产品。当不需要多造军用舰艇时，就可以制造民用产品，一旦形势需要，又可以集中力量制造军用舰艇；在各种民用船只、渔船的建造上，应根据其船型特点和预先规划的战时征用改装任务进行设计，以便在战时分别承担运输、登陆、拖带、布雷、扫雷等任务；在军港、商港、渔港的建设上，也应全面规划，相应发展，合理分布，便于平时、战时的停泊供应，共同使用；在交通航运部门和渔民的基干民兵中，应建立短期训练制度，由海军帮助组织训练。训练内容和步骤，应首先从一般海洋气象知识、航海知识、排除机械故障、防风、防空、防雷、防潜等知识入手，逐步增加海上战斗训练科目。这样，既有利于提高海上运输和渔业生产技术，又对海军后备力量进行了必要的军事训练；在海军今后兵源的补充来源及复员退伍的去向上，应尽量做到从海员、渔民中来，回到海员、渔民中去。这样不仅在海员和渔民中不断增加技术力量，而且在广大的航运队伍和渔民群众中，为海军准备雄厚的后备力量。①

### 5. 对海军战略战术的思考

萧劲光成为海军主要领导人后，十分重视对海军战略战术的研究。他认真阅读和研究了毛泽东在土地革命、抗日战争、解放战争时期的战略战术著作，并结合海军创建以来的历次海战经验，借鉴第二次世界大战中各国海军的成功战例，特别是苏联海军的作战经验，对未来海上作战的形式，形成了自己的基本看法。认为未来海上作战的形式，应是以分散的海上游击战与有利条件下集中打击的歼灭战相结合，海上破袭战与沿海抗登陆战相结合。

其后，通过总结 1958 年海军封锁金门作战的经验，萧劲光的上述思路更为明确。他认为，总体上我国所处的国际环境和海上军事态势非常严峻。美国在 20 世纪 50 年代初期，开始调整其亚太战略，建立起从阿留申群岛，经日本、冲绳、台湾、菲律宾到东南亚的"东方弧线"包围圈，先后与泰国、澳大利亚、新西兰、日本、南朝鲜、菲律宾、英国、法国以及台湾国民党政权，订立了双边或多边条约，在我国海面上构成了以地缘为基础的战略体系。这一体系对我国的包围态势由三道防线组成：第一道防线是南朝鲜、台湾和南越三处进攻桥头堡，部署有大量地面兵力；第二道防线是日本、冲

---

　　① 《萧劲光回忆录》续集，解放军出版社 1987 年版，第 193 页。

绳、菲律宾、泰国、马来亚，是整个战略体系的部署重点，配置有中程导弹基地，海军和战术空军；第三道防线是小笠原群岛、马利亚纳群岛、澳大利亚、新西兰，是战略体系的前进后方，部署有战略空军和海军后方勤务兵力。整个战略防御体系正面宽5500余公里，纵深8000余公里。陆军兵力占美国总兵力的1/5，作战舰艇400余艘，占美海军作战舰艇总数的1/2以上；空军9个联队，飞机1300架左右。①

尽管以美国为首的敌视新中国的国家集团拥有强大力量，但通过分析，萧劲光敏锐地意识到对手也有致命缺陷。首先，其第一道防线在我近海范围内，便于我方依托岛岸实施近海歼敌，南朝鲜、南越又连接陆地，便于发挥我陆军之长；第二道防线在我中海范围内（当时对近、中、远海的划分是：离我海岸200海里以内为近海，200—600海里为中海，600海里以外为远海），我远程航空兵、潜艇可经常出击。其次，他们处于弹丸之地，岛屿上的港口、机场，防御较脆弱，易遭破坏，一旦遭到破坏，很不容易恢复，亦无回旋伸缩余地。再次，基地分散，后方供应线长，99%的物资依靠海运。

在对潜在敌人进行详尽分析之后，萧劲光又客观评估了我海军自身家底。他认为，尽管新中国成立后，海军武器装备经历了从依靠接收国民党海军的旧舰和改装商船，购置装配外舰，到独立制造小型舰艇的历程，建立起了一支由水面舰艇、潜艇、航空兵和岸防部队组成的海上轻型力量。但当时我国海军仍是一支以常规装备为主的海上轻型兵力，主要武器是火炮、鱼雷和炸弹。以这些武器打击在沿海进行袭扰活动的国民党海军舰艇，进行护渔护航作战，尚可应付，但要对付技术装备优于我的对手，尤其是装备了导弹武器的对手，就力有未逮了。

在这种情况下，萧劲光提出海上破袭游击战与沿海抗登陆作战相结合，是未来海上作战的主要形式。他指出：我们与强大对手在技术装备上的差距，相当长的时间内很难弥合，敌强我弱的状况决

---

① 《萧劲光传》，当代中国出版社2011年版，第306页。

定我们海上作战的战术，不能作堂堂之阵的大编队对垒，只能利用
突然性，用破袭游击战术，不断打击消灭敌人。积小胜为大胜，充
分利用和发挥我之有利条件，利用和制造敌人的不利条件，进行持
久作战。同时不放弃有利条件下对敌人实施集中打击的歼灭战，逐
步转变敌我力量对比，求得最后歼灭敌人。在敌人向我进行大规模
登陆进攻时，海军应积极配合陆、空军进行抗登陆作战，把主要力
量放在敌登陆阶段。

　　萧劲光颇有预见性地指出，敌人一旦从海上侵入我国国土之后，
敌我形势将会发生很大变化，敌人将由集中进攻转为分散活动，由
远海到近海，由彼岸到我岸，利用我岸作为他们的基地，利用我海
区作为他们的海区，利用我之交通线作为他们的交通线。同时为了
支援其登陆的部队作战和在我海区的海上兵力活动，势必要依赖大
洋、远海的交通线，由纵深海区向前沿不断进行后勤物资和人员的
输送。这样，敌人的交通运输将更加频繁，兵力更须分散防守和巡
逻警戒，为我们进行内线中的外线，防御中的进攻，持久中的速决
作战创造条件，也极易造成敌在总体优势下的局部劣势。海军的中
远海作战兵力，如潜艇、远程航空兵和导弹舰艇，就能在远离我岸
的敌交通线上或纵深海域，进行独立作战，以海上独立作战行动配
合陆战场的陆空军作战。海军兵力就能在敌人纵深海区开辟海上独
立战场，进行破袭游击战，扰乱牵制敌人，削弱敌人有生力量，迫
使其分散海上兵力，在战略上对陆上战场起积极配合作用。①

　　萧劲光提出，分散的海上破袭游击战与有利条件下的歼灭战相
结合的作战形式，具有广泛性、突然性、进攻性和灵活性等特点。
我军要善于运用各种可能作战的兵力，使用各种武器，对敌人进行
一切可能的打击，打一场海上人民战争。在战斗过程中，要注意突
然性，要善于获取及时准确的情报，充分利用气候气象、水文地理
和岛岸条件，进行战术上的佯动和技术伪装，并且要灵活主动地进
攻。只有这样，才能进行海上破袭作战。

---

　　① 《萧劲光传》，当代中国出版社 2011 年版，第 307 页。

　　为了保障海上破袭战能够得到成功实施，萧劲光还从实施作战的各种条件入手，进行了深刻论述。他提出：要建立一支能机动、能作战、能生存，习惯于海上艰苦斗争的作战兵力。在优势敌人面前，要以机智顽强的作风，百折不挠的毅力，战胜困难的自然条件和优势装备的武装敌人。要搞好海军装备的建设和人才的培养，建立可靠的后勤与技术保障体系，保障部队能迅速恢复作战能力。在作战指挥体系方面，萧劲光要求建立稳定、有效的作战指挥体制：一是侦察、观察和巡逻连成一体的保证系统，以便不失时机地打击敌人。二是包括防潜、防空、防雷、防原子化学武器与防奸保密的防御系统，以保证兵力的安全与行动的隐蔽突然。三是建立稳定、及时的作战、通信系统，使组织指挥战斗的作战程序与作战形式的要求统一起来。

　　萧劲光在 1950 年任海军司令员后，还担任了很多领导职务。1954 年 11 月至 1975 年 1 月任国防部副部长。1955 年被授予大将军衔和一级八一勋章、一级独立自由勋章、一级解放勋章。1965 年、1975 年、1978 年相继当选为第三届、四届、五届全国人大常委会委员。1979 年增选为第五届全国人大常委会副委员长。1982 年中共十二大当选为中央顾问委员会委员、常委。1988 年 7 月被授予中国人民解放军一级红星功勋荣誉奖章。1989 年 3 月 29 日因病在北京逝世，享年 86 岁。

　　萧劲光作为解放军的重要军事将领，在长期的军事斗争实践中，积累了丰富的战争经验。由于他勤于思考和钻研，在军事训练和军事战略方面都有很多自己独到的见解。尤其是他在新中国成立后长期担任海军司令员，根据国家的实际情况，在海军建设方面不遗余力地探索适合我国国情和军情的海军现代化建设道路，为海军发展壮大立下了不可磨灭的功勋。

# 许光达　人民装甲兵的创始人

　　许光达，无产阶级军事家，中国人民解放军重要领导人。他戎马一生，身经百战，屡建功勋。土地革命战争时期，参与开创鄂西北苏区，打开了苏区发展的新局面。抗日战争时期，他率部深入敌后，在错综复杂的环境下，因地制宜提出对敌斗争策略，机动灵活地打击日伪军，巩固和扩大了抗日根据地。新中国成立后，他着眼我军现代化建设长远发展，精心筹划组建装甲兵，在确立装甲兵建设指导思想，合理设置装甲兵部队体制编制，搞好教育训练，推动武器装备发展等方面，做了许多开拓性的、卓有成效的工作，为实现人民军队的现代化建设做出了重要贡献。

　　许光达（1908—1969），早年入黄埔军校学习。1927 年在宁都加入南昌起义部队。土地革命战争时期，历任中国工农红军第六军参谋长，第十七师政治委员、师长，红三军第八师二十二团团长、八师师长，红三军第二十五团团长。1932 年赴苏联，先后入国际列宁主义学院和东方劳动者共产主义大学学习。1937 年回国。抗日战争时期，历任中国人民抗日军政大学训练部部长、教育长，第三分校校长，中央军委参谋部部长兼延安卫戍区司令员，中央情报部一室主任，晋绥军区第二军分区司令员，八路军一二〇师独立第二旅旅长。解放战争时期，历任晋绥军区第三纵队司令员，第一野战军二兵团军长，第二兵团司令员。

　　新中国成立后，历任中国人民解放军装甲兵司令员兼坦克学校校长和装甲兵学院院长，国防部副部长。1955 年被授予大将军衔。

# 一 参加革命根据地的创立

许光达，原名许德华，1908 年 11 月出生于湖南省长沙市东乡萝卜冲一个勤劳朴实的农民家庭里。幼时就读于凤凰庙小学，12 岁考入榔梨镇高小，1921 年秋又考进长沙师范学校。在进步教师徐特立、周以栗、曹典琦、陈章甫以及同学谢鑫、杨展等人的影响下，他阅读了一些革命书刊，如《向导》、《中国青年》等，积极参加学生运动，思想进步很快，1925 年 5 月加入中国共产主义青年团，同年转入中国共产党。1926 年 4 月，许光达被中共湖南组织选送报考黄埔军校，以优等成绩被黄埔军校录取，先编入入伍生第二团，秋季编入第五期炮科为正式学员。之后黄埔军校师生随邓演达迁往武昌，1927 年毕业后到江西九江国民革命军第四军直属炮兵营，任见习排长。

1927 年 8 月 1 日，南昌起义爆发。许光达与几位同学赶赴南昌，但错过起义，后追至宁都赶上起义部队，被编入二十五师七十五团三营十一连任三排排长，师长为周士第。起义军到达汀州后兵分两路，许光达随二十五师留驻三河坝，跟随朱德，掩护主力进军潮汕。在战斗中，许身负重伤，被留于老乡家养伤。伤愈后与廖浩然去潮汕寻找部队，后因部队起义失败，他前往上海。1928 年，被派往西北军冯玉祥部做兵运工作，同年 9 月返回长沙老家。次月，因遭长沙警备队奉何键命令缉拿，许被迫逃亡河北。几经周折，1929 年，许进入上海中共中央军事训练班学习。

1929 年 9 月，中共中央决定对洪湖革命根据地游击部队进行整编。为了加强湘鄂西红军的领导力量，中央决定派军事训练班毕业的许光达和孙德清（孙一中）等前往洪湖苏区工作。1930 年 2 月，红六军正式成立，孙德清任军长，周逸群任政委，段德昌任副军长，许光达任参谋长，全军约 6000 余人。他充分发挥自己的军事才能，平时指导部队训练，演习战术，每次作战前都拟订具体作战计划，对红六军改变游击习气起了很大的促进作用。3 月，红六军所辖的两个纵队改称第十六、第十七师,许光达先任第十七师政委,后改任该师师长。

1930年5月,红六军奉命配合鄂豫皖红军攻打武汉。6月,红六军与红四军在公安会师后,即东渡长江进至郝穴,继而进攻监利,未克。由于敌人兵力不断增加和集中,再战不利,遂退驻江陵与监利交界的普济观休整。9月初,中共鄂西特委贯彻李立三主持的中央政治局会议决议,指责红二军团违背"集中进攻"的路线,要求部队攻打敌人设防坚固的沙市。按照特委和柳克明的意见,许光达率第十七师随军团西进。9月初发起攻打沙市的战斗,苦战一昼夜,未能取胜,伤亡1000余人。

9月中旬,邓中夏以中央特派员身份到达洪湖,传达了中共中央要红二军团配合红一、三军团攻打长沙的指示。许光达坚决支持贺龙、周逸群的意见,反对长途奔袭大城市,但不为中央代表采纳。12月,在杨林寺召开了中共湘鄂西特委和红二军团前委会议,在讨论军事行动方针时,又发生了原则性分歧,以贺龙为代表的红军将领主张坚持洪湖根据地,依靠群众粉碎敌人的进攻;以特委书记邓中夏为代表的红军将领却认为洪湖水多,部队不便活动,必须集中红军主力在松滋山区与敌人作战。许光达始终支持贺龙的意见。由于杨林寺会议争论未决,红军处于徘徊犹豫状态,而且部署分散,给敌人造成机会,部队损失很大。

1931年秋,红三军奉中央分局指示,离开均、房地区开往洪湖。当时,洪湖的水灾尚未缓解,军民严重缺粮,中共湘鄂西中央分局书记夏曦置军民疾苦于不顾,大搞所谓"肃清党内反革命"的运动,使一大批党政军干部惨遭杀害。许光达也被列入"肃反"对象,但由于他在1932年3月31日至4月6日的应城战役中胸部被子弹击中,经上级批准送往上海治疗,才得以幸免。因子弹在心脏附近,开刀未能取出,同年5月,被送往苏联学习并治伤,伤愈后在列宁学院中国班学习。

后来,许光达总结了洪湖根据地革命斗争的经验教训。他认为洪湖根据地的灾难是李立三、王明两次"左"倾错误造成的。这两次错误都发生在正当红军部队和苏维埃根据地顺利向前发展的时候，遭到了来自党内错误倾向的严重打击，尤其是肃反扩大化，错杀了大批优秀干部和共产党员。在军事上，他们提出不切实际的作战方针和作战原则，造成红军的严重损失。虽然部队打了很多胜仗，克服了种种困难，但纵横千里的湘鄂西根据地最终被"左"倾错误所断送。

许光达指出，洪湖根据地的领导层，以贺龙、段德昌、周逸群等为代表，虽有一条朴实的正确路线，但得不到中央的支持，反而被扣上"反党"、"反国际路线"的大帽子，正确的意见左右不了大局。许光达对红六军的战友怀有深厚的感情。他说："红六军发展成长很快，干部、战士是坚强勇敢的，他们纯洁可爱，一心为革命，具有牺牲精神，差不多都是参加土地革命斗争中的先进农民。部队与群众的关系非常密切，红军的生活条件很艰苦，常常缺少粮食，冬天穿不上棉衣，也没有毯子，夏天到了又不能及时换单衣，部队伤亡得不到补充，伤员得不到医药治疗，也没有医院，只能把伤员寄放在老百姓家里，有的还被地主豪绅谋杀。即使这样，战士也没有逃亡。造成这种困难局面最根本的错误是没有建立巩固的根据地，只是流动游击，不发动群众，最后处于无法存在的极端困难境地中。"①

## 二　训练抗日干部，钻研军事理论

1934 年，在苏学习的许光达转入中共代表团组织的高干军事训练班。他在这里学习了团、师、军三级攻防战术，还进行了规定作业，研究英、美、日军的战术，提高了军事理论和军事技术水平。1936 年秋，中共代表团在东方大学开设一个坦克、汽车专业技术训

---

① 中共党史人物研究会编：《中共党史人物传》第 42 卷，中共党史出版社 2010 年版，第 154 页。

练班，从列宁学院和东方大学抽调50余名中国学员参加学习，许光达也在其列。他刻苦学习了坦克和汽车驾驶技术，还学习了坦克排、连、营攻防技术和技术保障、车辆管理，以及行军、宿营、侦察、警戒等课程。

1937年11月初，中共代表团决定训练班学员和其他院校的学员共计70余人，由许光达、高自立带队回国。他们从莫斯科乘火车到达阿拉木图，然后转乘汽车到达新疆迪化、西安，最后到达延安。

1938年1月，毛泽东接见了这批回国留学生。随即，许光达被任命为中国抗日军政大军训练部部长。4月16日，第四期正式开学不久，教育长刘亚楼赴苏联学习，许光达接任教育长。许光达在组织领导学校的教学与建设的同时，亲自参加教学活动，讲授军事理论课，在军事理论课中特别强调战术指挥的作用。他认为，"指挥的基本任务在于，根据具体情况灵活地运用各种战斗方法，并组织和指挥，以实现战术的目的，取得胜利，达到保存自己和消灭敌人的目的。为着保存自己，唯一的手段就是战斗。指挥员的主动能力，在决定战争的胜负中起着很重要的作用。"指挥的基础是建立在必需的物质和指挥员主观能力之上的。指挥员在战斗之前，战斗之中，时刻得记着下面的几个原则：（1）避免敌人所长，打击敌之所短；（2）克服己之所短，发扬己之所长；（3）把自己放在有利地位，逼使敌人处于不利；（4）这一切都依靠于积极的行动去争取。例如："争取主动"，"打击敌人的弱点"，"包围、迂回"，"埋伏"，"奇袭"，"各个击破敌人"、"出敌意外"，"以逸待劳"，"避实就虚"，"诱敌深入"，"将计就计"，以及在运动战之上"调动敌人"，"打击运动中的敌人"，"大踏步地前进后退"。抗日战争中，所采取的"以运动战为主，游击战为辅，辅之以阵地战"的作战形式和持久战略的方针，也是从这一原则出发，根据敌我优劣及长短的具体情况而决定的①。

在延安时期，许光达还勤奋地钻研马列主义和毛泽东军事著作，

---

① 许光达在中国人民抗日军事政治大学战术指挥课的讲稿，1938年。

并为《八路军军政杂志》撰写军事学术论文，先后发表了《战术发展的基本因素》、《论新战术》和《军队的组织问题》等文章。

1941年1月27日，许光达被任命为中共中央军委参谋部部长兼延安卫戍司令、防空司令、交通司令。同年冬调任中共中央情报部一室主任。这一年的夏收季节，侵华日军为配合在晋南的作战，向华北、华中抗日根据地发动了一次大规模的抢麦"扫荡"。由于八路军、新四军采取了积极主动的进攻，敌人的"扫荡"被迅速击退。

6月25日，《八路军军政杂志》发表了许光达撰写的《反敌季节"扫荡"》一文，概述了这次"扫荡"与反"扫荡"的经过及其重要意义，分析了反"扫荡"的经验教训，揭穿了国民党污蔑八路军、新四军"游而不击"的谎言，并且郑重提出：为着坚持抗战，必须加强全国各党派各军队的亲密团结。八路军、新四军是主张团结的，是愿意配合友军作战的。即使政府不给情报，不下命令，甚至被某些人指为"匪军"，我军也是忠实于抗战、团结，依然配合友军作战的。可是当局对八路军、新四军仍在歧视，断绝粮弹，并继续实施封锁、"剿共"的做法，是应该立刻纠正的。

不久，许光达还撰文评论法西斯德国在欧洲发动的闪电战。他指出："军队与国家的社会经济的体系是有着密切的联系的，军队的编制、数量与武器以及战略和战术的形式，其结果均恃技术的能力和生产力发展的水准而决定。闪电战就是依靠了资本主义的生产力和技术发展的程度而发展出来的"；"闪电战在同一性质战争中，对付同种型的军队，它是最厉害的作战方法，能发挥极大的威力"。但他又指出：这种"闪电战如果遇到了另一种最新型的，代表人类正义进行战争的，有同等装备和技术，甚至超过它的军队，就会遭受悲惨的破产，将在那里进入坟墓"。因此，许光达认为："结论只有一个，希特勒的闪电战在苏德战争中必然覆灭。现在的事实已经证明着，战争的发展，将更加证明这种观点的正确。"①

许光达在延安3年多的战斗生活，使他"比较明确地认识了中

① 许光达：《闪电战的历史命运》，《八路军军政杂志》1941年第3卷第8期。

国社会和革命的特点，党的政策路线。初步体会了看问题的方法，领导工作的方法，如何将理论运用于实际工作中，提高了党性的锻炼，在政治上可以说走进了自觉的阶段"。①

## 三　奔赴抗日前线，参加游击作战

1942年春，敌后抗日根据地处在最艰苦的时期，许光达要求到前方工作。经中共中央批准，5月间，他从延安到达晋西北，接替彭绍辉任晋西北军区第二军分区司令员兼独立第二旅旅长。

自1941年3月以来，由于日寇采取军事进攻加政治渗透，实行"蚕食"政策和频繁"扫荡"相结合的新的进攻方式，晋西北根据地的面积迅速缩小，人力、物力、财力遭到了严重破坏，大片土地荒芜，工商业萧条，广大群众缺衣少食，军队供应严重不足。许光达到达根据地后，经过一段深入的调查研究，对分区的工作明确地提出了四项任务：第一，派得力干部深入敌占区，发动群众开展反"蚕食"斗争；第二，加强对河西友军的统一战线工作，改善双方关系；第三，努力发展生产，渡过难关；第四，开展练兵运动，提高部队战斗力。他指出，这一切都是为了取得对敌斗争的胜利，并经常鼓励大家，坚定信心，努力工作，胜利度过这"黎明前的黑暗"。②

1942年5月4日，晋西区党委和晋西北军区曾先后向各地委、各军分区发出开展反"蚕食"斗争的指示，要求军队的主力部队以1/3、地方游击队以1/2的兵力，分散进行游击战争，并加强与扩大民兵和游击队，开展群众性的游击战争；党政军民联合组织武装工作队，深入敌占区和正在"蚕食"的地区进行斗争。

①　许光达：《干部履历书自传》，1952年12月。
②　陈阳春：《回忆许光达同志领导晋绥而分区军民"把敌人挤出去"》未刊稿，存兰州军区当时征集办公室。

许光达及时主持召开二分区团以上干部会议,传达贯彻上级的指示,要求大家明确认识反"蚕食"斗争,不仅要加强军事活动,还要加强政治攻势,同敌人实行"蚕食"政策、"治安强化"运动的"政治渗透"针锋相对。会议研究决定,抽出一批干部去地方加强武委会和民兵、游击队的工作,开展群众性的游击战争。还决定组织四个武工队深入敌占区,主要任务是做敌占区的群众工作,宣传党的政策,揭露敌人的种种欺骗伎俩,争取群众;组织秘密的或半公开的抗日政权;建立秘密的侦查通信网;武装群众,组织民兵,开展游击战;通过伪军家属和亲友做争取伪军的工作,在伪军中建立内线关系,群众发动起来以后,领导群众打击伪组织。

许光达特别强调,"敌人组织的维持会,任命的伪乡长、村长和保甲长,一定要按照党的政策办事,区别对待,对死心塌地地依附日寇的汉奸要坚决打击;对一面支应日寇,一面应付我们的,要尽量争取站到我们方面来;对表面为日寇办事,实际拥护抗日的,要保护他们,不让他们暴露,使其更好地做抗日工作。他还决定,各个武工队视情况配数名至数十名不等的工作队员,并根据活动范围的大小,配一个加强班或一个排的兵力;条件成熟时,即拔除据点,必要时报请分区调部队参加。"①

在许光达等的领导下,武工队、游击队和主力军相互配合,依靠广大群众,经过几个月的艰苦斗争,二分区的反"蚕食"斗争取得了很大胜利,捕获了五寨县伪县长、风子头区伪区长,以及其他伪官吏120余名,摧毁了清水河地区37个伪村公所,并在那里建立了抗日政权,瓦解了长城内外50个村子的伪政权,打开了对敌斗争的新局面。

1942年11月,中共晋绥分局召开高级干部会议,传达贯彻毛泽东关于"向敌人挤地盘","把敌人挤出去"的指示,要求各分区加强党的统一领导,把主力军、游击队、民兵紧密结合起来,广泛地开展群众性的游击战争,一个村庄一个村庄地向敌人挤地盘。"挤敌

---

① 《中共党史人物传》第42卷,中共党史出版社2010年版,第164页。

人"的斗争开展起来以后，许光达经常关注斗争发展的情况，请武工队的同志到分区汇报情况，和他们共同总结反"蚕食"、"挤敌人"的经验。他特别要求大家注意收集和分析敌情，掌握敌人的行动规律，灵活机动地进行斗争。有时他还策马通过敌人封锁线，深入武工队活动地区检查指导工作。许光达派出的部队和武工队，经过一段时间的艰苦工作，在敌占区的群众和伪军中打开了局面，扩大了共产党、八路军的影响，并在伪军中建立了一些秘密关系，能够及时、准确地掌握敌人的动态，抓住机会打击敌人。由于"挤敌人"的斗争不断取得胜利，以及对河西友军统战工作的有效开展，二分区整风、练兵、生产三大运动都取得显著成果，根据地得到了巩固。

1944 年 8 月下旬，晋绥军区发起了对日军秋季攻势。各分区以少数兵力与"扫荡"之敌周旋，民兵、游击队积极开展爆炸与袭扰活动，主力部队仍集中力量发展攻势。至 9 月底，秋季攻势胜利结束时，二分区部队攻克敌据点 10 余处，消灭日伪军 200 余名，圆满地完成了晋绥军区所赋予的作战任务。日本宣布投降前夕，许光达被任命为雁门军区副司令员兼独立第二旅旅长。

# 四　解放战争中大显身手

1945 年 10 月中旬，许光达率独立第二旅由商都出发，奉命参加反击国民党军进攻的绥包战役。1946 年 2 月，许光达调军事调处执行部大同执行小组任中共代表。许光达在大同工作不到一个月，又转调太原执行小组。这期间，他认真执行军调部的有关指示，与国民党的代表进行了有力的斗争。当他发现阎锡山收编日军，用来镇压中国人民的情况时，及时向美、蒋代表交涉，提出备忘录，并上报军调处执行部，揭露阎锡山的罪行，引起了军调部的重视，维护了人民利益。3 月下旬，许光达又调到东北抚顺执行小组工作。他根据中央指示，一方面与驻地附近的人民军队加强联系，一方面对执行小组的我方工作人员进行革命气节教育，给大家讲季米特洛夫的故事，讲如果万一被抓到国民党的集中营应该怎么办。在抚顺，许光达还花了许多精力做国民党代表的工作，并从他们那里得到了不少重要情报。

1946年6月，蒋介石公开撕毁停战协定和政协决议，发动了对解放区的全面进攻。许光达奉命离抚顺经北平回到丰镇，被任命为晋绥野战军参谋长。11月16日，为了适应解放战争的新形势，根据中共中央军委命令，以独立第二旅、独立第三旅和晋绥军区独立第五旅组编成晋绥野战军第三纵队，许光达任司令员，孙志远任政治委员，贺炳炎任副司令员。纵队成立不久，12月5日，许光达在朔县驻地向干部做了题为《怎样贯彻人民军队的建军思想》①的报告。报告阐述了有群众观念，走群众路线的建军宗旨，提出：（1）一切为了人民群众。我们为了争夺人民利益而战斗，从内部说我们是为战士群众服务的。我们的教育都是为了士气高涨，完成战斗任务，争取人民利益，不管什么职务，目的只有一个。（2）一切要向人民负责。我们是群众的一员，不能有任何侵犯群众利益的行为，在内部我们要对战士群众负责，要提高部队军事战术水平，这样才能减少伤亡，战胜敌人，提高政治觉悟，使他们知道为什么要打仗，体贴他们的生活，了解他们的困难，真心使他们了解斗争是为了谁，要安心服务，只有这样才能战胜敌人，如没有搞好，他们有意见，我们就没有负好责任。（3）相信人民群众的力量，相信人民在任何困难下都能战胜困难。在我们军队内部也是一样的，相信战士，向战士学习，和战士打成一片，那么任何困难都会克服的。不相信战士的想法是错误的。群众的创造力是无穷尽的。事实证明战士中有很多的创造值得我们学习。（4）一切工作的完成要依靠群众的自觉与自动，否则一切工作是做不好的。要使练兵真正能收到效果，自动练，那就要使他们知道为什么要练。如当时还没有到自觉的时候，

---

① 许光达：《怎样贯彻人民军队的建军思想》，载《许光达军事文选》，解放军出版社2008年版，第190页。

那我们的工作就要去启发群众的自觉。这就是从群众中来，又到群众中去。在此基础上，许光达指出，要开展政治、军事、经济三大民主，密切官兵关系，加强群众纪律，热爱群众。同时，许光达指出，在作战训练上要防止练兵不练官，练技术不练思想作风，驻军时练行军打仗时不练等几种偏向。

解放战争开始以后，部队发生了很大变化，突出表现在老成分减少，新成分增加；从以广泛的游击战为主转到以大规模的运动战为主，攻坚战和阵地战增加了；部队由分散行动转到大兵团行动。对于这些变化，不少干部、战士一时适应不了，很有必要从思想、组织、纪律和行政管理、战术各方面进行一次整顿。为此，第三纵队在 1947 年 5、6 月间，在静乐、娄烦地区集中整训。许光达阐述了贯彻人民军队的建军思想的重大意义，上自团长、政委，下至班长，都要做思想作风整顿。通过这次整训，部队的民主空气空前增长，官兵关系更加密切，上下之间、友邻之间更加团结。

为了消除国民党军对陕甘宁侧翼的威胁，1946 年 12 月，许光达奉命率第三纵队主力南下作战。1947 年 1 月中旬，参加汾（阳）孝（义）战役。许光达命令独立第二旅协同晋绥野战军第二纵队独立第四旅和晋冀鲁豫野战军第四纵队一部，首攻孝义城，拉开汾孝战役序幕。在攻占孝义城后，许光达又率独立第二旅进行了西盘梁抗击战，长黄村、五楼庄攻击战和里世村防御战等战斗，紧密配合兄弟部队，连续作战近半个月，赢得了汾孝战役的胜利。

接着，独立第二旅配合独立第四旅乘胜追击，于 2 月 2 日攻文水，然后奉命集结于文水、交城一带休整。在此期间，许光达接到独立第二旅关于文水县云周西村 15 岁的女共产党员刘胡兰宁死不屈、英勇就义的报告，深受感动，立即派人前往刘胡兰家乡参加祭奠，收集材料，用刘胡兰烈士的英雄事迹教育部队，同时上报晋绥野战军和中共中央军委。不久，毛泽东回电为刘胡兰烈士题词："生的伟大，死的光荣"。战斗剧社和独立第二旅剧社很快编排演出了歌剧《刘胡兰》，在部队进行演出，对启发广大指导员的阶级觉悟，激发战斗意志，起了很大作用。

1947年夏，晋中平川麦收来临。阎锡山部驻文水、交城一带部队，设置临时据点，出来抢粮。为了保护群众利益，巩固新区，许光达奉命再次转战晋中，保卫麦收。1947年7月12日，许光达向部队作了《战术问题的几点补充指示》，表扬了独立第二旅、独立第三旅的特务团攻打孝义镇和马村、马东村的战斗，认为是一个"彻底、干脆、胜利的歼灭战"，特别指出广大战士和各级干部为人民事业负责的政治责任心和勇敢精神。接着，"指示"就攻城垣（攻村镇在内）、巷战、攻碉楼、战场侦察、指挥问题、缴枪问题，结合转战晋中的实际，总结了经验教训，提出了意见和要求。在这个"指示"中，许光达对如何正确看待勇敢与战术的关系做了论述，要求干部注意提高战术素养。他说："有勇气有胆量是对的，但若不与细腻的战术与技术相结合，不与组织工作配合，仍然达不到歼敌的目的。认为宁肯落个没有战术素养，也不愿落个胆小鬼的观点，应在干部思想中予以纠正。有战术素养，能发挥战术与技术的指挥员，不等于胆小，在战斗中既能消灭敌人，又能减少自己的伤亡，才算优秀的指挥员。"①

1947年7月，中共中央军委命令第三纵队西渡黄河，归西北野战军建制，参加保卫陕甘宁边区的作战。当时，西北野战军遵照中央军委指示，决定8月上旬发起榆林战役，吸引西安胡宗南集团北上增援，以策应晋冀鲁豫陈谢集团南渡黄河，挺进豫西的作战行动。

出发之前，7月30日，许光达应部队指挥员的要求，作了《关于几个战术问题的解答》，回答了大家最关心的野战中如何掌握部队、火力与运动的配合，如何掌握情况不失战机和通信联络等问题。他结合以往作战指挥上的问题，从部队已有条件出发，对野战的理论原则、思想作风和具体方法，做了简明扼要、深入浅出的阐述，受到各级指挥员的欢迎。②

---

① 《中共党史人物传》第42卷，中共党史出版社2010年版，第176页。
② 许光达：《关于几个战术问题的解答》，1947年7月30日，许光达在神木高家堡战斗后团以上干部总结会上的讲话。

8月1日，许光达率纵队机关及独立第二旅由山西贺家川、牛家川出发。4日顺利渡过黄河，向高家堡挺进。入陕首战高家堡告捷后，8月9日，许光达率部向榆林开进。此后，他率部先后参加沙家店战役、延清战役、宜瓦战役。11日，许光达率部进入清涧城，全歼守敌，活捉了敌整编第七十六师中将师长廖昂。战后，许光达见了曾是黄埔五期的同学廖昂，许光达对他说："如果你早下决心投降，你不至于落到这个地步，看来你不懂得人民的力量。"① 在宜瓦战役中，全歼胡宗南主力整编第二十九军军部、两个整编师部又五个旅，击毙整编第二十九军中将军长刘戡、第九十师中将师长严明，活捉第二十四旅旅长张汉初。宜瓦战役击破了胡宗南阻止解放军南进的重点机动防御体系，成为西北战场上敌守我攻的转折点。② 西北野战军乘胜向南发展进攻，以扫清渭河以北分散守备之敌。许光达率第三纵队奉命与第六纵队围攻洛川，诱敌裴昌会兵团增援，在运动中寻机歼敌。

3月，许光达率第三纵队经旧县镇向洛川开进。4月中旬，西府、陇东战役展开后，延安之敌整编第十七师弃城南撤，解放军收复延安。许光达从部队侦察报告和西北联防军电报中获悉，延安南逃之敌会同洛川守敌共3万余人，弃城向东南方向开出，判断该敌改道沿洛白公路南窜，当即命令部队从咸榆公路黄（陵）宜（君）段设伏转为出击。经三昼夜的连续截击、追击、堵击，歼敌2700余人，解救出被抓走的群众2000余人。

1948年8—11月，野战军在洛河以东地区组织了澄合、荔北和冬季攻势三个战役。许光达率领第三纵队参加了这些战役，协同兄弟部队歼敌6万余人，牢牢地将胡宗南集团钳制在西北战场，有力地配合了其他战场的作战，扩大了解放区，缓解了粮食困难，为进一步打击胡宗南集团创造了条件。

1949年2月，西北野战军根据中央军委1948年11月发出的

---

① 水工：《许光达大将》，海燕出版社1987年版，第216页。

② 《中共党史人物传》第42卷，中共党史出版社2010年版，第182页。

《关于统一全军组织及部队番号的规定》进行整编，改为中国人民解放军第一野战军。第三纵队改为第三军，许光达任军长，所辖之第二旅、第三旅、第五旅依次整编为第七师、第八师、第九师。许后任第二兵团司令员。

7月，扶眉战役揭幕。许光达率第二兵团三个军从武功以北、乾县西南地区出发，越漆水河绕道西进，向法门寺、益店镇及其南北地区，以多路平行队形攻击前进。扶眉战役歼灭胡宗南主力四个军4.3万余人，残部退守秦岭。青宁"二马"畏歼，北撤陇东地区。此役给胡宗南集团以毁灭性打击，创西北解放战争空前的伟大胜利，西北战场形势由此起了根本变化。9月14日，为迅速解放整个大西北，许光达奉命率第二兵团西出兰州，挺进河西走廊，追歼残敌。第二兵团所到之处，敌军望风披靡，纷纷投诚或起义，17天推进700公里。21日进抵张掖，与第一兵团会师。26日，新疆国民党军通电起义，新疆和平解放。至此，整个大西北全部解放。

# 五　筹划组建装甲兵部队

1949年12月，许光达随同彭德怀由兰州到北京，接受中央组建装甲部队的重任。1950年1月，许光达回到兰州所领导的二兵团，立即将中央军委的意图告知兵团参谋长张文舟和政治部主任朱明，并推荐张文舟到军委装甲兵任参谋长。同时委托张、朱二人从兵团机关挑选一批干部，组建装甲兵领导机关。

1950年5月，许光达带着22名干部、战士到北京向中央军委报到，开始了筹建装甲兵领导机构的工作。6月，毛泽东签发中央军委命令，任命许光达为装甲兵司令员。

许光达面临的任务是相当艰巨的。日本投降后，从沈阳九一八工厂（日本关东军的坦克装备修理厂）里找到一辆坦克，这是人民军队的第一辆坦克。1945年12月1日在沈阳马家湾子成立了第一个坦克大队，到1950年，全国只有两个战车师，一个战车团，官兵

1.25万人，共有坦克543辆。这些武器都是从国民党军队手中缴获的，除一部分美式水陆坦克外，其余大都是陈旧坦克，有许多已经是破烂不堪、不能动弹。

官兵中有不少是留用的原国民党军队人员，思想觉悟较差。人民军队的干部、战士懂得坦克技术的为数甚少。许光达对上述情况作了认真的分析，他认为："武器虽然陈旧，残缺不全，但它毕竟是属于人民军队装备的一部分，是人民军队抗日战争和解放战争初期梦寐以求的，是我党我军用鲜血换来的，是建设现代化的人民装甲兵不可缺少的物质基础，可以用来进行教练，培养干部和技术人员；留用的原国民党官兵，可以经过教育改造，作为部队建设初期的技术骨干。同时，尽管这支部队还很年轻，但它在解放战争中分别参加了辽沈战役、淮海战役和平津战役，经受了战斗的锻炼和考验，有着它的光荣历史。在这样的基础上建设装甲兵，困难是很多的，但前景是光明的。"①

根据这种分析，许光达提出了装甲兵建设的具体方针：（1）在全国范围内准备编成几个坦克旅，成为中国人民解放军坦克部队的雏形，加强训练，提高技术。（2）要办好坦克学校，组织训练基地，培养干部和乘员。（3）建设一个坦克工业，首先是关于修理器材的统筹。②他预计在3—5年之内，在需要时，可以组织十几个在装备上技术上都很优秀的坦克旅；③还提出了三年内装备1000辆坦克的宏伟规划。为了实现这一目标，他认为首先必须抓两个问题：一是我们要把全国原有的坦克部队加以整编，成为坚强的坦克战斗部队；二是立即着手培训干部。为此，他分别把驻在华东、华北的坦克部队指挥员请来，了解部队情况，研究整编方案。

为了获得整编的第一手资料，1950年7月14日，许光达到战车一师视察，给干部、战士做报告，讲国际国内的形势，讲军委的建

① 《中共党史人物传》第42卷，中共党史出版社2010年版，第190页。
② 许光达在中国人民解放军战车第1师干部大会上的讲话，1950年1月14日。
③ 《我们要建立一支强大的坦克部队》，载《许光达论装甲兵建设》，解放军出版社1985年版，第2页。

军方针和军队的发展方向。许光达在报告中指出：坦克部队在现代战争中占很重要的地位，它有强大的火力、坚强的防护力和迅速的运动力，这些构成了它突击力量的特点。"整个人民解放军发展的方向是向机械化前进"，"当前我们的总任务是要建立一支坚强的现代化的坦克部队。"他要求全体官兵"要树立永远为坦克部队服务到底的思想，这是党与人民给予我们的光荣任务。我们要立即开始工作，先建立一支雏形的、模范的，有政治、有技术和有军事各方面基础的坦克部队"①。为此，许光达提出了军队三年内装备1000辆坦克的宏伟规划。

随后他在1950年9月提出建立三个坦克旅的实施计划。计划指出在步兵数量上要减少一些，有许多人要转到空军、海军、坦克和炮兵部队中去。整编方案将原战车第一师第三团（教导团）调出，组建坦克学校；将原战车第二师整编组成第二旅；将该师的第五、六团扩建为特种战车师。紧接着成立了第一战车编练基地，独立坦克第一、第二、第三团和坦克第三师及八个独立坦克营，并先后成立了军委摩托装甲兵司令部、坦克中心工厂、器材总库和华东、东北军区装甲兵领导机构等单位。在近半年的时间里，按照正规的、统一的编制完成了从领导机关至坦克部队的整编和初建工作，形成了中国人民解放军装甲兵这一新兵种的雏形。

正当许光达组建装甲兵时，朝鲜战争爆发了。为了尽快改善装甲兵部队的武器装备，1950年9月7日，许光达根据中央军委总的意图，向周恩来总理提出了购买苏联坦克的建议，并草拟了毛泽东致斯大林的信。在斯大林和苏联政府的大力支持下，11月3日，苏军10个坦克团的坦克来到中国。许光达决定将这些坦克装备坦克第一、第二、第三师和三个独立坦克团，以及第一编练基地，并在苏军坦克部队官兵的直接帮助下，开展了掌握装备的训练。

许光达带领新组成的坦克部队，日夜加紧训练。他对部队训练

---

① 《我们要建立一支强大的坦克部队》，载《许光达论装甲兵建设》，解放军出版社1985年版，第6页。

极为关心，为了适应战争的需要，加速提高部队的军事技术水平，他亲自参与制定训练大纲，提出"管教用合一"、"理论与实际并重"、"按部就班，从头学起"、"全面学会，精通一门"等教学方针。① 许光达经常深入部队训练现场，发现问题，总结经验。"有一天，他带领机关参谋来到某坦克团驾驶训练场，看到有的战士在坦克上练，有的却站在一旁看，一问原因，才知道是教练器材不足。他对几个站着看的战士说，大家动动脑筋，想办法解决这个问题。事过不久，许光达又在训练场上发现，两个战士坐在地上，相互间以脚掌对脚掌，一只脚掌表示离合器，一只脚掌表示油门，脚的两侧竖两根棍当作操纵杆，在互相练习体会驾驶坦克的动作要领。他高兴地说，这个土办法很管用，它把车下看变为车下练，弥补了训练器材的不足，节省了训练时间，提高了训练质量。"② 事后，许光达风趣地对参谋人员说："这就叫从群众中来，到群众中去。"不久，这个训练方法就在部队推广了。

经过 3 个月的突击训练，部队的军事技术水平显著提高，初步掌握了新装备的性能和使用方法。朝鲜战争时期，在党中央的关怀和许光达等人具体组织领导下，年轻的志愿军坦克部队迅速成长，在朝鲜战场上打出了国威。

在朝鲜前线坦克部队旗开得胜的鼓舞下，国内坦克部队的训练也掀起了高潮。许光达既抓装甲部队的正规化训练，亲自主持制定各种训练条令、条例、教令、大纲，又抓装甲兵院校和编练基地的建设，亲自兼任第一所战车学校的校长和装甲兵学院的第一任院长。他重视军事学术研究，主持编写和审定装甲兵战斗条令、教程、教范，并撰写了《陆军的发展趋向及装甲兵的运用》等多篇论文，对装甲兵部队建设起到重要作用。

我国的装甲部队，朝着革命化、现代化、正规化的方向阔步前进，取得了巨大成就。1964 年全军大比武前的 6 月 16 日，许光达陪

① 《坦克旅的教育问题》，许光达在 1950 年 10 月 12 日参谋长会议上的讲话。
② 《中共党史人物传》第 42 卷，中共党史出版社 2010 年版，第 192 页。

同毛泽东、刘少奇、周恩来、朱德、邓小平等党和国家领导人，在北京阳坊射击场观看了北京军区、济南军区装甲兵部队的军事表演。部队精湛的军事技术受到了毛泽东等党和国家领导人的称赞。8月4日，许光达在北京主持召开了装甲兵比武大会。叶剑英、罗瑞卿和军委各总部、各大军区、各军兵种、各军事院校的首长，以及国务院各部委、中共中央华北局、北京市的党政领导同志300多人观看了表演，观摩者对我国装甲兵的成长和进步给予热情赞扬，不少人向许光达表示祝贺。

许光达在全国解放后，功高不自居，位高不自傲。他那勤奋学习，积极工作、谦虚谨慎、平等待人、艰苦朴素的作风，给周围工作人员留下了深刻的印象。装甲兵组建的头几年，许光达不仅要求干部带头学习技术，掌握技术，他自己首先身体力行，以身作则。每逢机关的"军官日"学习时间，只要军委没有重要的会议，他都坚持参加学习，有时还以普通学员的身份，去军校听技术课。1955年，全军实行军衔制，当许光达知道自己将被授予"装甲兵大将"军衔时，觉得自己对革命的贡献太少，人民给予的荣誉太多，多次给军委和毛泽东打报告，认为授个上将足矣。中央军委根据他参加革命几十年来的一贯表现和功绩，还是授给他大将军衔，并授予他一级八一勋章、一级自由独立勋章、一级解放勋章，以表彰他对革命的贡献。1956年，许光达出席了中国共产党第八次全国代表大会，并被选为中央委员。

1959年，许光达被任命为国防部副部长。在国家经济暂时困难时期，许光达以党的利益为重，以身作则，团结干部，和群众一道同甘共苦，渡过难关。

1965年取消军衔制，改为国家行政级别，根据当时情况许光达可以定为行政四级。这时，他又主动提出降低级别。在他一再请求下，组织上只好改定为五级，满足了他的要求。"文化大革命"中，许光达同许多老一辈无产阶级革命家一样，遭到了残酷的迫害。1967年1月，林彪、江青一伙为了陷害贺龙元帅，莫须有地制造了一个所谓的"二月兵变"，并把这个"兵变"的"参谋长"头衔强加在许光达头上，还非法地抄了他的家。从此，许光达遭到长期的非法隔离审查。无休止的批斗、审讯使他的健康受到很大的损害，病情急剧恶化，得不到应有的医治，不幸在 1969 年 6 月 3 日含冤死去。1977 年 6 月 3 日，也就是许光达逝世 8 周年的那一天，经中共中央军委批准，为许光达平反昭雪。

许光达在土地革命战争、抗日战争和解放战争时期，在巩固和扩大苏区、坚持敌后抗战、转战陕北与解放大西北等许多战役战斗中，无论是独立作战还是配合作战，无论是开展游击战还是指挥兵团作战，勇敢顽强，用兵灵活，能征善战，取得了一系列以弱胜强、以劣胜优的辉煌战绩。他具有深厚的军事理论功底，善于在丰富的军事实践基础上进行研究总结，在作战指挥、战役战术和部队建设等方面提出了许多具有重要价值的真知灼见，丰富了毛泽东军事思想宝库。新中国成立后，他战胜一切困难，为筹划组建一支坚强的装甲兵部队，做了大量创造性的工作。

# 主要参考文献

1. 《左文襄公全集》，清光绪十六年至十八年（1890—1892）刻本。

2. 刘泱泱等校点：《左宗棠全集》全 15 册，岳麓书社 2009 年版。

3. 左焕奎：《左宗棠略传》，华中师范大学出版社 1996 年版。

4. 谢本书：《蔡锷大传》，广西师范大学出版社 2013 年版。

5. 《蔡锷集》，文史资料出版社 1982 年版。

6. 湖南省政协文史委编：《忆蔡锷》，岳麓书社 1996 年版。

7. 《辛亥革命回忆录》（一），文史资料出版社 1961 年版。

8. 陈先初：《程潜与近代中国》，湖南大学出版社 2004 年版。

9. 《湖南文史》第 35 辑，湖南文史出版社 1989 年版。

10. 《彭德怀自述》，人民出版社 1981 年版。

11. 《中共党史人物传》第 30 卷，陕西人民出版社 1986 年版。

12. 《彭德怀军事文选》，中央文献出版社 1988 年版。

13. 《彭德怀传》，当代中国出版社 1993 年版。

14. 总参谋部编写小组：《贺龙传》，当代中国出版社 1995 年版。

15. 《中国工农红军第二方面军战史》，解放军出版社 1992 年版。

16. 《中共党史人物传》第 2 卷，陕西人民出版社 1981 年版。

17. 罗荣桓传编写组：《罗荣桓传》，当代中国出版社 1991 年版。

18. 《中共党史人物传》第 32 卷，陕西人民出版社 1987 年版。

19. 《粟裕传》，当代中国出版社 2012 年版。

20. 胥佩兰、郑鹏飞：《陈赓将军传》，解放军出版社 1988 年版。

21. 《萧劲光传》，当代中国出版社 2011 年版。

22. 《萧劲光回忆录》，解放军出版社 1987 年版。

23. 《中共党史人物传》第 47 卷，陕西人民出版社 1991 年版。

24. 《中共党史人物传》第 42 卷，中共党史出版社 2010 年版。

25. 《许光达军事文选》，解放军出版社 2008 年版。